"浙"

8090说：
里的共富故事

中共浙江省委宣传部 编

ZHEJIANG UNIVERSITY PRESS
浙江大学出版社
·杭州·

图书在版编目（CIP）数据

8090说："浙"里的共富故事/中共浙江省委宣传部
编. -- 杭州：浙江大学出版社，2022.10（2022.12重印）
ISBN 978-7-308-23034-6

Ⅰ.①8… Ⅱ.①中… Ⅲ.①共同富裕—演讲—浙江
—文集 Ⅳ.①F127.55-53

中国版本图书馆CIP数据核字（2022）第171385号

8090说："浙"里的共富故事
中共浙江省委宣传部　编

责任编辑	卢　川　张　婷
责任校对	吴沈涛
责任印制	范洪法
封面设计	VIOLET
出版发行	浙江大学出版社
	（杭州天目山路148号　邮政编码：310007）
	（网址：http://www.zjupress.com）
排　　版	浙江时代出版服务有限公司
印　　刷	杭州钱江彩色印务有限公司
开　　本	710mm × 1000mm　1/16
印　　张	19.75
字　　数	253千
版 印 次	2022年10月第1版　2022年12月第2次印刷
书　　号	ISBN 978-7-308-23034-6
定　　价	68.00元

浙江大学出版社市场运营中心联系方式：（0571）88925591；http://zjdxcbs.tmall.com

出版说明

　　共同富裕是社会主义的本质要求，是中国式现代化的重要特征。党的十八大以来，习近平总书记就扎实推动共同富裕作出一系列重要论述，为逐步实现全体人民共同富裕提供了重要遵循。为深入学习贯彻习近平总书记关于共同富裕的系列重要论述，全面展示浙江共同富裕示范区建设开局起步的实践与成效，进一步凝聚高质量发展建设共同富裕示范区的智慧力量，2022年3月至6月，我们开展了"共同富裕·青年说"万名青年大学习大调研大宣讲活动。活动聚焦"什么是共同富裕""为什么要实现共同富裕""怎样实现共同富裕"，通过青年学习调研和宣讲，引导广大党员干部群众忠实践行"八八战略"，坚决做到"两个维护"，在高质量发展中奋力推进中国特色社会主义共同富裕先行和省域现代化先行。活动开展以来，广大青年宣讲员热情参与、积极创作、踊跃投稿，共提交了500多篇宣讲稿。为鼓励广大宣讲员主动提升理论素养和宣讲能力，进一步讲好浙江共同富裕的生动故事，我们从中遴选了69篇优秀宣讲稿，汇编为《8090说："浙"里的共富故事》一书，作为扎实推动共同富裕主题宣讲的参考资料。

中共浙江省委宣传部

2022年8月

目　录

第1编

第 **1** 编

>>> 梁龙参加浙江省"共同富裕·青年说"宣讲挑战赛决赛

1.青春有你共富裕，同享中国好蛋糕

浙江省中医药健康产业集团有限公司　梁　龙

　　刚刚播放的这首舞曲，是此前《青春有你2》的主题曲《YES！OK！》，不过我不是刘畊宏，不用大家唱跳，只需要畅想。听到这首歌时，我当时想的是，到底什么才能让我们所有人，不由自主地大声喊出"YES！OK！"，在那个emo①的午夜，我想到了金光闪闪的四个大字——共同富裕！

　　马克思在《1857—1858年经济学手稿》里指出，"在未来的社会主义制度中，社会生产力的发展将如此迅速，生产将以所有的人富裕为目的"。一百六十多年过去了，这个更高阶段的社会形态正在和我们的共同富裕行动方案"梦幻"联动。那么，到底什么是共同富裕？

　　第一，共同富裕指的是全体富裕，不是少数人的富裕。它不是限定款的盲盒，而是每个人都能在娃娃机里抓到的礼物。北宋张俞说："遍身罗绮者，不是养蚕人。"但我们现在就是要让养蚕人照样丰衣足食，大家携

---

① emo：网络流行语，是一种情绪化的音乐风格。

手愉快地玩耍，一起"心心相融，@未来"。

第二，共同富裕指的是全面富裕，除了物质富裕，还要精神富裕。既要让"好看的皮囊"遍地开花，也要让"有趣的灵魂"大放光芒，刷"火箭跑车"的同时，也能刷刷"诗和远方"，弯腰捡完"六便士"，也能看到"头顶的月亮"。

第三，共同富裕不是同时富裕和平均主义。柏拉图说："对一切人的不加区别的平等就等于不平等。"我们必须正视地区差距、城乡差距、收入差距。其实，推动共同富裕，就像一个人走路，两只脚一前一后才走得稳、走得远。

讲完了什么是共同富裕，那么怎样实现共同富裕呢？以前在大学当老师时，曾经有学生问我，这个世界上，真的会有霸道总裁爱上平凡女生吗？我微微一笑，对她说，别傻了，只有党才会精准扶贫。

所以，共同富裕怎样实现？首先必须坚持中国共产党的正确领导。"万山磅礴，必有主峰。"党的十九届六中全会强调，党的领导就是全国各族人民的利益所系、命运所系。党的十八大以来，以习近平同志为核心的党中央历史性解决了9899万人口的贫困问题，便是为实现共同富裕奠定了坚实基础。

其次，要正确处理"做大蛋糕"和"分好蛋糕"的关系。只有蛋糕足够大，分蛋糕才有意义。但是如果蛋糕分不好，它就永远做不大。具体来说，要先利用以市场为主的初次分配，让充分的激励来把蛋糕做大；二次分配中，政府发挥更大作用，扩大中等收入群体比重，增加低收入群体收入，合理调节高收入；到了第三次分配，则是大家自愿的公益慈善行为，最终形成中间大、两头小的橄榄型分配结构。等到分配成熟了，我们就可以斗志昂扬地倒计时，3、2、1，上链接，购物车里，都是蛋糕，这才是我们这个时代直播间给家人们送的真正福利。

最后，在助力实现共同富裕的新赶考之路上，我们可以做些什么？袁家军书记强调，要把共同富裕示范区改革的"龙头"舞起来，我想，我们起码可以练习三个舞种。第一个是霹雳舞，在共同富裕的舞池旋转跳跃，喧嚣看不见，挑战无极限，爆发自我的热血能量。第二个是踢踏舞，要脚踏实地，久久为功，踏出切合实际的奋斗节奏。第三个是交谊舞，共同富裕是一项系统工程，需要每个行业、每个人相互协作，要用力量激发力量，用生命温暖生命。

习近平总书记指出："现在，已经到了扎实推动共同富裕的历史阶段。"共同富裕这张试卷，就像时代镜像的中轴线，把问号写在这边，答案就会出现在那边。把汗水写在这边，光芒就会闪耀在那边。流水不争先，争的是滔滔不绝，共同富裕很带感，带的是人民的幸福感。

在共同富裕的剧场，我们一起携手起航，每个人都是"黄金会员"，"向往的生活"正在轮番上演，在所有人的幸福小窝，共富的蓝图都可以"超前点播"。不用多余的对白，一起向未来，就是"王牌对王牌"！

宣讲感言：吴兴祚曾形容《古文观止》这部作品的编选者"寻常讲贯之外，别有会心"。在宣讲中，我也尝试在寻常宣贯之外，用更多的比喻、事例来将大道理变得生动鲜活，希望能把解读式的单向输出，演化为与听众的双向奔赴。宣讲完的返程路上，看着车窗外，好像与之前没有什么不一样，但我想，已经有那么多青年唱响了"我在窗口写青春"的最强音，这个世界，已经大不一样了。

>>> 径山村"共富基金"启动，40多位乡贤从全国各地赶来，不忘乡情，慷慨解囊

2.凝聚"三乡人",抱团振乡村

杭州市余杭区融媒体中心　夏　青

2005年1月4日,时任浙江省委书记习近平到径山镇考察调研时提出要做好"三农"工作,保障农民权益,满足农民增收致富的要求,让城乡居民共享发展成果。我作为一名媒体记者,从那以后一直在关注当地的发展。其中,径山村的变化让我感慨万千。从"绿水青山就是金山银山"到"共同富裕",径山村遵循习近平总书记的指引,出落得粉墙黛瓦、小桥流水,山更青了,水更绿了,茶更香了,老百姓也富起来了。

共同富裕靠什么?

正如习近平总书记指出的:关键靠人!

在径山村的采访中,我遇到了这样三种人:原乡人、归乡人、新乡人。他们怀抱希望挥洒汗水,以技术焕新径山,以文化滋养径山,以共富回馈径山。

勇于奉献的原乡人

如果把径山的发展比喻成一次扬帆远航,那么,坐镇航船的就是我们的原乡人——他们是将本领、经验和资源带回村里来的径山乡贤。2022 年 3 月 6 日，径山村"共富基金"启动，40 多位乡贤从全国各地赶来，不忘乡情，慷慨解囊，不到 10 分钟，共富基金的捐款金额就达到了 555 万元。这笔基金现在已经实实在在用于径山村产业发展、人才培育、公益慈善、生态保护等事业，助力径山村实现共同富裕，打造人人向往的未来乡村。

振兴乡村的大船有这些乡贤的坐镇，便有了乘风破浪的底气！

创新奋斗的归乡人

在浙江省高质量发展建设共同富裕示范区的进程中，缩小城乡差距是一个重要命题。2021 年，在余杭西部五镇的乡土大地上，吹响了"乡村振兴促共富"的冲锋号。号声之下，越来越多年轻人回到家乡，乘势而上、创业创新。

我的采访对象马宽，就是这样一名地地道道的径山归乡人。几年前，在目睹了家乡的发展后，他放弃了城市的工作回到径山。带着"旅游 + 茶文化"的理念，用新视角探索径山的发展，计划打造"径灵子"旅游 IP。回乡创业，需要成立村属旅游公司，因为工作直面老百姓，马宽缺少基层经验，一度不知所措。幸运的是，村领导对他鼎力支持，在政策和资源上不断扶持，而村里乡亲们也对他敞开大门。通过一路摸索，"径灵子"旅游 IP 终于打造成功了。在第 16 届中国（杭州）国际动漫节上，"径灵子"正式发布的镜头被央视《新闻联播》所记录；在第 14 届杭州文化创意产业博览会上，"径灵子"代表径山禅茶文化现场做了互动展示。很快，这个头戴斗笠、身背茶篓的可爱形象，就成了径山禅茶文化的代言人之一。像马宽这样活跃在径山村建设中的年轻归乡人还有许多，有了他们，径山村的民宿鲜活了，禅茶文化生动了。

我们站在共同富裕的船头，迎着风浪，才不辜负我们的青春！

执着坚守的新乡人

有人立船头，有人镇后方，自然也有人为这艘船握紧加速的船桨——他们，便是径山的新乡人。张艳珍女士，就是优秀新乡人的代表。因为热爱径山，她留下来成为一家特色民宿的主人。从事旅游业15载，张艳珍将茶文化与民宿紧密结合，走进民宿大门，就能感受到浓浓的宋韵。在径山还有无数个张艳珍。他们以民宿发展作为载体，吸引城里人下乡、农村人返乡，汇聚一批乡村建设人才，促进乡村产业振兴，成为推动逆城市化的一股力量。

这些新乡人们手握船桨，航行在径山村的天地间，忽如一夜春风来，径山村已然蝶变！

如今，趁着"十四五"规划纲要明确提出"支持浙江高质量发展建设共同富裕示范区"的东风，径山镇在全省率先提出"共同富裕·乡村新社区"概念，发布《生态型乡村新社区共同富裕指标体系》。径山村靠着原乡人的奉献精神，靠着归乡人的奋斗精神，靠着新乡人的坚守精神，正在全力打造共同富裕排头兵"乡村新社区"样板。

共富可期，径山加速！

宣讲感言：乡村虽然没有城市生活的五光十色，但为新农人搭建了一个历练自己的舞台。随着近年来径山村的快速发展，越来越多的农村青年回到家乡创业，同时还引来了很多外来创业者，为径山村增添了一抹青春的色彩。我希望通过宣讲，传递正能量，成为乡村振兴的参与者和推动者，帮助更多的有志青年回到家乡，让奋斗的青春绽放最美的芳华，为乡村振兴贡献力量，让乡村不仅美，还要美得出彩。

純净生态　　喜悦丰收　　生态转化

>>> 淳安的共富实践：深入践行"绿水青山就是金山银山"

3.共同富裕的颜色

淳安县融媒体中心　何善民

　　提到共同富裕，大家会想到"环境更美好""生活更富裕""社会更公平"等。那大家有没有想过，如果共同富裕有颜色，那会是什么颜色？

　　以千岛湖闻名于世的淳安县，是华东地区重要的生态屏障，下游上千万居民的战略水源地，是浙江省唯一的特别生态功能区，也是全省首批共同富裕示范区建设试点和"一县一策"样本县，承载着各级领导的深切厚望。地位特殊，使命特殊，对千岛湖水生态安全保护的责任极其重大，因为生态是淳安最大的财富。我想，淳安的第一抹共富颜色应该是这样一抹蓝。

　　这里有件蓝马甲，它的主人叫老徐，今年66岁，是千岛湖一处取水口的守护员。他工作在一座宽度不到30米的小岛上。守岛10年，每天一个人、一艘船、一条狗，巡视取水口，检查检录设备。每当逢年过节，孙子就会打电话抱怨他："爷爷，你怎么又不回家？"听到这话，老徐眼泛泪花。然而，当他穿上这件蓝马甲，环顾万顷碧波时，眼神又变得坚定而明亮。他说，这水是给大家喝的，必须守好。

我想淳安的这抹共富"蓝"就是保护水质、守好生态的决心和干劲。

淳安的第二抹共富颜色——黄色。

我手上的这罐蜂蜜，产自淳安第一高峰磨心尖山脚下的智能数字生态蜂业试验田，这里和下姜村是邻居。三年前，这罐蜂蜜却不能和下姜村的一样，让当地的老百姓尝甜头。

改变发生在 2019 年 6 月，淳安县成立了大下姜乡村振兴联合体——以下姜村为核心，辐射带动大下姜 25 个村、2.5 万名群众。自此，一只只土蜂住进了科技感满满的数字化"大别墅"，还衍生出了几十种蜂蜜产品，每个产品在走出"大下姜"时还会贴上专属的身份证。这样的"共富"改变，让原本的土蜂酿出的蜜更加金黄透亮，也让大下姜的老百姓都尝到了这份甜蜜事业的"甜头"。不仅如此，原本一直低头劳作的百姓，也开始抬头望向远方，去探索未来的发展道路。

我想淳安的这抹共富黄，蕴含着农特产品丰收，让老百姓更有"奔头"的喜悦。

最后，淳安第三个共富颜色就是当我们把守护生态的"蓝"和实现发展的"黄"叠加在一起，出现的绿色。

这个绿意盎然的地方是淳安界首的严家村，它是如何来显现"蓝＋黄＝绿"的呢？

故事要从一张网说起。严家人，世代以捕鱼为生。这张网是他们赖以生存的"铁饭碗"。为了保护生态，严家人退出了污染水体的"网箱养殖"。这一退，"铁饭碗"变成了"空饭碗"。面对这样的变化，他们一遍一遍地问自己——"保护，要不要？"要，但决不能走回头路。"发展，要不要？"要，还要让日子更好。于是，严家人转变观念，把"渔"产业变成"娱"产业。如今，严家村成为杭州亚运的分赛区，游客在这里不仅能欣赏绝佳的山水美景，还能全方位享受"渔"的乐趣。这张网，也成了网来更多游客，实现还湖于民、还利于民的致富网。

我想淳安的这抹共富"绿"就是在保护的前提下，实现"绿水青山"向"金山银山"的转化。

习近平总书记指出，共同富裕是"人民群众物质生活和精神生活都富裕"。所以在共富颜色的背后，其实还透着一束光，一束折射精神共富的光。就是这束光，让村民有了画出乡村振兴的书画小镇，让关爱留守儿童有了数字化应用，让乡里乡亲有了共情交心的文化礼堂。这束光照亮的就是一张张幸福的笑脸！这笑，来自保护生态的"蓝"，来自实现发展的"黄"，更来自"两山"转化的"绿"。

透着光的蓝黄绿，折射出的是浙江一个又一个生动的共富实践。在实现共富新目标的征程中，我们要用心中的信仰，肩上的责任，脚下的奋斗，将闪光的共富颜色，绘成浙江的共富美景，全国的共富路径，世界共富的"中国方案"。

宣讲感言： 作为一名基层媒体人，在《共同富裕的颜色》的宣讲中，深感"勤学"是讲"好"的底气，"善思"是讲"透"的关键，"带泥土"是讲"活"的灵魂。一次次熬夜的头脑风暴和改稿，让我在讲述共富的大空间中，找到了"颜色"这一巧妙的小切口，并通过颜色向外界传递淳安的共富路径——在生态保护的前提下，实现"绿水青山"向"金山银山"的转化。

>>> 宁波奔野拖拉机在吉林安图跑出产业合作的新速度

4.共富之路

宁波市奉化区尚田街道　林珈竹

在浙江扎实推动高质量发展，建设共同富裕示范区的当下，"共同富裕"成了我们耳边的高频词。这源自我们昂首阔步的时代自信，源自脱贫攻坚胜利的伟大成就。

接下来，请大家和我一同走进这条寄托着人民美好生活向往的中国道路——"无穷之路"。

无穷之路：脱贫伟绩，彪炳史册——不忘来时路

贫穷，是人类社会的顽疾，中国对贫困更是有着切肤之痛。我国不断探索着行之有效的减贫模式。2013 年，习近平总书记首次在十八洞村提出"精准扶贫"的思路，他曾形象地指出：扶贫不能"拿手榴弹炸跳蚤"，而要实事求是、因地制宜。就此，我国扶贫开发工作正式拉开了"脱贫攻坚、奇迹八年"的大幕。

八年间，共产党人矢志不渝、硕果累累……其中令我最难忘怀的，当是大凉山的"悬崖村"。那是海拔 1500 米的阿土列尔村，从前"山上方一日，世上已千年"，现在却是"一步跨千年"，因为那条悬崖"夺命藤梯"，已被 2556 级牢固结实的钢梯所取代；84 户悬崖村民得以走进县城，搬进集中安置的新家。精准施策的易地搬迁和后续完备的产业扶贫，使悬崖村人彻底摆脱了世世代代与世隔绝的困苦生活。

类似的脱贫奇迹在中国大地比比皆是，宝贵经验吸引了一大批海内外专家、学者专程而来，只为目睹这条真实存在的"无穷之路"。终于，在世界见证下，我们郑重宣告：脱贫攻坚战取得了全面胜利！

知所从来，方明所去。无穷之路，道阻且长。一系列扶贫成就无可辩驳地证明了，中国共产党的坚强领导是脱贫攻坚全面胜利的根本法宝。站在新的起点上，我们只有深刻把握其中的精髓要义，才能乘势而上、无往不胜。

无穷之路：扬帆共富，浙里探路——砥砺新征程

着眼当下，"后无穷时代"的"共富之路"又该如何"无穷"地走下去？

道阻且长，行则将至。浙江城乡、山海兼有，作为探路者形成的成功经验有利于在全国复制推广。因此，为了探出这条共富路，浙江迈开了这两步：

一方面，坚定开展对口协作帮扶。从脱贫摘帽到巩固拓展有效成果，我们始终与这些地区保持着"血肉联系"——当宁波奔野的拖拉机在吉林安图跑出了产业合作的新速度；当支教老师开设的"奉化班"为四川甘洛师生带去了组团式教育协作的新理念；当浙商创办的"扶贫车间"和订单式培训让贵州人民端起了劳务协作的"新饭碗"……这些例子见证了浙江选派的 200 多名挂职干部和 8000 多名专技人才，正在对口协作的跑道上，不懈传递着"携手脱贫奔共富"的时代接力棒。

另一方面，浙江自身也在向着打造橄榄型结构社会前进。聚焦"扩中提低"，明确八大路径，关注九类群体，以变革性实践扩大中等收入群体，减少极贫极富的人员总量，让每一个社会成员都能看到拾级而上的希望。最终，通过高质量发展推进示范区建设，让企业竞争力更强，让社会活力更足，让百姓生活更好，让共同富裕成为"国家所需、浙江所能、群众所盼、未来所向"！

作为一个"新宁波人"，我曾为自己没能考回东北老家而感到些许惭愧，但欣慰的是，当我成为浙江选调生"村官"和宁波基层干部时，我便和在座各位一样，站在了共同富裕的探路行列。既然消费扶贫的"米袋子"能让我乃至浙江千家万户都能尽情享用东北的大米，那么将来，你我的点滴之力，也定能融汇到全国各地的发展变化中去。

"共富"这条纽带，就这样凝聚起了我们每个人的拼搏与坚守，同时也向党和人民传递着我们这代青年的奋进强音——无穷有我，共富有我，强国也定将有我！

宣讲感言：在浙江扎实推动高质量发展，建设共同富裕示范区的当下，"共同富裕"这四个字就成了我们耳边的高频词汇。而这份昂首阔步的时代自信，正是来自脱贫攻坚胜利的伟大成就。我们一同踏上这条寄托着人民对美好生活向往的中国道路——"无穷之路"。

医保谈判

张劲妮

张劲妮一番话感动无数网友

医保谈判再现灵魂砍价

YIBAOTANPAN

>>> "灵魂砍价"高手张劲妮："每一个小群体，就不应该被放弃！"

5.共富路上"一个都不能少"

宁波市奉化区映山红宣讲队　王林超

　　我想先给大家介绍这个叫朵朵的孩子，她才 14 个月大，本应该是活泼好动的年纪，却被查出患上了一种罕见的脊髓型肌萎缩症，小小的她每天都徘徊在死亡的边缘。肺里插管、胃上打洞，如胃镜一样难受的吸痰，这些我们大人都不一定能忍受的苦痛，她却已然默默接受。看着那稚嫩的脸庞上滑落的泪水，我的心忍不住一阵阵地抽痛。

　　身为医保人，如何才能用有限的医保基金，做更多的事，帮更多的人？这是我们不断努力前行的方向，更是我们愿意为之竭尽所能去做的事。

　　2021 年 12 月，被网友称为"灵魂砍价"高手的张劲妮，为了这款治疗罕见病脊髓型肌萎缩症（SMA）的特效药，带领团队与药企代表经过八轮协商，最终将 2019 年市场售价还在 70 万元一针的诺西那生钠，从企业报价的每支 53680 元砍到了 33000 元，医保报销后个人负担不超过 2 万元。谈判过程中，张劲妮的那一句"每一个小群体，都不应该被放弃！"感动了患者的家属，也感动了无数中国人。

　　也许，我们无法阻止疾病降临人间，但我们愿意做那一束光，照进黑暗。

守护——中国医保时刻在您身边

习近平总书记曾说过："我们建立全民医保制度的根本目的，就是要解除全体人民的疾病医疗后顾之忧。"①

从部分享有到全民医保，从单位报销到社会统筹，我国只用了 20 年时间，就建起了世界上最大的基本医疗保障体系。如今，从门诊到住院，从吃药到检查，从在家门口的社区卫生服务中心就诊到跨省异地找全国专家，这些都有医保来兜底。20 年来，我们不断完善，从基本医保、大病保险、医疗救助，到国家集中带量采购，中国特色的医疗保障制度体系，让 14 亿多中国人看得起病、用得起药，小病不用再忍，慢病不用再拖，大病不用再怕，有了医保，幸福路上就少了后顾之忧。

另外，第七次人口普查数据显示，在宁波，65 周岁以上的老人超过 118 万人，占常住人口总数的 12.59%。老龄化社会下，因病或失能的人群期盼在家中接受专业医疗护理服务的需求量正在急剧上升。

护航——幸福路上的"最后一公里"

2022 年 1 月，宁波市医保局在全国首创推出"医保家付"政策，将家庭纳入医保支付场景，真正实现了"病人手机下单、护士上门护理、医保直接支付"的闭环服务，这"最后一公里"的打通大大减轻了患者家庭的负担。

70 多岁的沈奶奶，因脑梗导致长期浅昏迷，失去了吞咽功能而且大小便失禁，鼻胃管和导尿管就成了她与生命的连接线。但是面对每月三次的更换，80 多岁的黄爷爷带着失能的沈奶奶，路途奔波加上挂号等候，一次

---

① 引自习近平《全面提高依法防控依法治理能力　健全国家公共卫生应急管理体系》一文。

就诊至少花费 4 个小时，这对两位老人来说，实在有点艰难。

幸运的是，宁波首批推出的"医保家付"先行先试项目中，就有沈奶奶需要的鼻胃管和导尿管。更让黄爷爷开心的是，原先这些需要由儿子来支付的费用，现在用沈奶奶的医保卡就能直接结算。一次鼻胃管更换需要 162 元，医保报销达到了 137.7 元。这些费用直观地看是花钱多少的问题，实际上它解决的是群众最关心、最直接、最现实的利益问题，也是大家急难愁盼的问题。我们相信，随着试点范围的扩大，将会有越来越多的人群，享受到这种便利。

2021 年，共同富裕示范区落地浙江，我们要实现共同富裕，全民健康就是重要基础。只有每个人都拥有了健康的体魄，才能更好地享受生活，共同富裕也才会更有意义。为此，让困难患者不再因病致贫返贫；让百姓就医负担不断减轻；让每一个老百姓病有所医、医有所保就是我们医保人的初心和使命。不论城乡，基本医保全覆盖；不论长幼，生命周期全保障；不论何方，异地医保全护航！"抓统筹、扶弱势、减负担、促公平"，共富路上"一个都不能少"！

宣讲感言：身为医保人，用有限的医保基金，做更多的事，帮更多的人，是我们不断努力前行的方向，更是我们愿意为之竭尽所能去实现的目标。让困难患者不再因病致贫返贫；让百姓就医负担不断减轻；让每一个老百姓病有所医、医有所保就是我们医保人的初心和使命。不论城乡，基本医保全覆盖；不论长幼，生命周期全保障；不论何方，异地医保全护航！"抓统筹、扶弱势、减负担、促公平"，共富路上"一个都不能少"！

>>>　湾头的蝶变故事

6.共富路上的"变"与"不变"

宁波市江北区8090宣讲团　舟春梅

　　实现共同富裕，是社会主义的本质要求，是人民群众的共同期盼。从1921 年在嘉兴南湖召开中共一大以来，我们党为了国强民富始终不懈奋斗，谱写了波澜壮阔的发展变迁画卷。时间更替，历史奔涌，但有些东西却是永恒不变的。那么今天，就让我带领大家一起来感悟共富路上的"变"与"不变"。

　　首先，请各位回想一下自己的入党申请书。不知道大家有没有注意到，在当下普遍用手机、电脑处理办公文件的时候，我们仍然被要求必须亲笔书写入党申请书。这是为什么呢？因为它有着一种仪式感，如同我们入党后在党旗下许下的铮铮誓言，更意味着对不忘初心、共富发展的终身坚守。

　　在这里，变的是载体，不变的是初心。

　　在推进共同富裕的路上，我们党始终注重物质和精神的双重富足，口袋鼓鼓，脑袋也不能空空。这就需要一代又一代人的传承和贡献。

　　钟一凡老先生，是土生土长的甬江人。在 66 岁理应颐养天年之际，被街道委托完成甬江部分地方志的撰写。对于这个意外且艰巨的任务，钟老

毫不犹豫地选择了答应。而这一答应，就是整整 10 年风雨无阻的坚守。

地方志与普通文章有很大不同，需对历史做出毫无保留的准确还原，而且很多东西是在网上无法搜索到的。为此，钟老就骑着电动车去镇海档案馆查阅资料，来去 60 里路，2 个小时。为了赶上档案馆 9 点的开门时间，他 8 点就出门，一坐就是一整天。就这样，他用 10 年的光阴，雕刻出了甬江的地方图志，挖掘出唐弢、钟一堂等名人资料，为江北的文化建设留下了宝贵财富。

而此时的钟老早已两鬓斑白。

在这里，变的是鬓角的颜色，不变的是担当的本色。

在扎实推进共同富裕的新篇章中，这样的故事，在甬江、江北还有许许多多。曾经菜不落空的湾头蔬菜基地，摇身一变为宁波最美商圈；曾经大棚遍地的田园北郊，已成为千亩花海围绕、百亩荷塘点缀的"网红打卡地"，更成功创建了达人村"国字号"品牌，真正实现了"口袋脑袋一起富，城市乡村齐发展"。

而这些变化的背后都离不开像钟老这样默默付出的共产党员。无论是姚江大闸建设时每天早出晚归挑泥一万斤的湾头人，还是开车途中顺手救人的"85 后"海员；无论是疫情防控中坚守一线的"帐篷书记"，还是台风"烟花"袭来时驻守避灾点的"泡面主席"，他们都在用自己的实际行动，诠释着自己那颗不变的初心。

在这里，变的是城乡风貌，不变的是共产党员的担当精神。

2022 年是党的二十大召开之年，也是浙江省共同富裕示范区建设一周年的关键节点。时代的接力棒已经传递到我们青年干部手中。此刻，在"变"与"不变"的永恒话题中，我们更需要以不变的初心，在这片土地上燃烧我们的青春岁月。

我们要牢记党旗下许下的诺言，不忘为民服务的初心。要时刻把以人民为中心的发展思想贯穿到实际工作中，常到田间地头、街头巷尾，听真实声音，问急难愁盼，用心用力解决好群众关心的交通治堵、物业管理、环境卫生等热点问题，努力以干部的"辛苦指数"换群众的"幸福指数"，让老百姓发自内心地说共产党好、共产党的干部好。

我们要牢记共产党员背后的精神，不忘担当奋进的初心。2022年，江北区提出了建设"现代化滨海大都市创智和美城区"的历史任务。时代在召唤，我们青年干部更应勇当攻坚克难的奋斗者，以猛虎开山的干劲、拼劲，主动跳出舒适区；以"人一之、我十之，人十之、我百之"的努力，在数字化改革、都市经济发展、城乡融合等工作中，走出一条甬江发展之路，为奔赴共富路、开启新征程贡献青年力量。

行程万里，初心永在；梦想在前，使命在肩。让我们青年干部始终以不变的初心、坚守的使命，克服一切艰难险阻，推动承载着中国人民梦想的"中华号"巨轮在波澜壮阔的世纪大潮中扬帆远航，驶向共同富裕的美好明天！

宣讲感言：作为一名基层青年干部，我很荣幸参与此次宣讲，与大家分享身边的共富故事。从中国共产党成立之初到现在，我们党始终在为实现国家繁荣富强、人民共同富裕而不懈奋斗。而通过此次宣讲，我更加深刻地感悟到，实现共同富裕正在从一代代人向往的远景，成为我们这一代真正"看得见、摸得着"的实景。

青年兴则国家兴，青年强则国家强！在"远景"变为"实景"的路上，我们青年干部将毫不犹豫地担负起共同富裕的时代使命。我们将紧紧跟随党的脚步，不断用新思想、新理论武装头脑，练就为人民服务的过硬本领；持续扎根基层，急群众之所急，忧群众之所忧，用心用力解决好群众关心的难点热点问题，努力为实现共同富裕贡献青春力量！

>>> 艺宿双林风生水起,八方游客纷至沓来

7.恰是春风吹来时——小山村的共富蝶变

宁海县习理宣讲青骑团　吴育佳

广大青年生逢其时，也重任在肩。身处生态优势突出、人文底蕴深厚的宁海，身处基层一线，如何快速融入县域发展大环境，助力"共富宁海""幸福宁海"图景展现，是身为青年干部的我们必须思考的命题之一。

诚然，"高质量发展建设共同富裕标杆县"这一共同目标的打造及实现，须全民参与，理念入心，实践在行；须牢牢把握"高质量发展"、秉承"绿水青山就是金山银山"理念，更要在深入基层、深入群众的过程中落实得当，持续铺开。

小画面映出大时代。放眼当今，在"共同富裕"目标的奋斗过程中，在希望故事的续写中，这片土地发生了什么样的变化呢？

共塑内生动力，助推"两山"理念入眼入心

当"绿水青山就是金山银山"真正从纸面走进民众心中，产业赋能升级与艺术振兴引领成为"守护绿水青山"的强大现实驱动力，以双林村为代表的众多村落，正以因地制宜的可持续发展理念助力"共富宁海"的展现，聚力"两山"理念的笃定扎根。

由被动配合环境整治到主动守护绿水青山，作为桥头胡街道"绿水青山就是金山银山"理念转换的实践缩影，汶溪沿线村正向世人展现着翠谷线优越厚重的实践积累。"清溪流过碧山头，空水澄鲜一色秋"，从向青山绿水"要"金山银山到金山银山"反哺"绿水青山，在汶溪获评省级"美丽河湖"等生态成果的背后，是千百民众与工作者们的共同努力，更是打开思想、求真落实的聚力成果。

"穿上红马甲，做好主人翁"，创城工作常态化发展，环境保护理念飘入万户千家；"五水共治（治污水、防洪水、排涝水、保供水、抓节水）不是为政府做的，而是为大家自己做的"，村民们自主集合，承担起主动清理、环境视察的工作；"若想游客纷至，山水清秀必保持"，民宿农家、村集体合力协作，共同守护这来之不易的绿意波光……他们书写的，是一个名为"青山"的故事。

焕新艺术因子，赋能特色文旅落地生花

在实现共同富裕这一温暖振奋目标的过程中，在物质生活、经济收益得以改善的同时，文化地标的树立、文化景观的展现，都向我们诉说着共同富裕不仅是物质富裕，还意味着精神丰盈。

近年来，桥头胡文化综合体投入使用，"艺宿"改造项目稳步推进，开启了桥头胡街道以文化和艺术赋能产业发展的新路径。2021年，街道运用黄墩文苑这一载体，已举办8场高规格的艺术展，39期公益培训，通过丰富文化活动，丰盈百姓精神，将科技信息、乡风文明、艺术理念融入百姓生活。在"全民阅读、喜悦宁海"的今天，桥头胡街道图书馆更喜获市"五星级图书馆"称号。

花好月圆，迎客相来。在街道的另一端，双林村、东吕村等村落正在

与桥头胡籍优秀艺术家群体、乡建艺术家团队、宁波大学、中国美院等开展深度合作，聚智聚力走出一条"乡村旅游＋艺术美学"互促互赢发展新路径，并通过"巾帼共富路""艺院·艺宿"改造等细化项目，在将艺术落地化、本土化的同时，推动美丽资源转化为美丽经济，助力"美美与共"良好态势，重塑乡村旅游与民宿发展的可持续模式。山水意境间，"闻溪阆苑"获评浙江省银宿称号，"这里有片樱花的海"活动成功举办，哩呀罗国际乡村休闲旅游度假区项目正在蝶变打造中。他们书写的，是一个"特色文旅落地生花"的故事。

这是桥头胡，是"追梦宁海"的一方拼搏展现。身处宁海，心系宁海，在建设基层、建设宁海的同时，我们既是写故事的人，也是讲故事的人。身为青年干部的我们，既要在实践锻炼中把准节点、跟紧进度，也要在基层工作中筑牢希望、助织幸福，着力践行"绿水青山就是金山银山"理念，助力丰实文化生活。那么，让我们奋力奔跑吧，这片土地的孩子们，在这春风恰起的时节，在这潮起甬南的时刻，以青春之我、奋斗之我，同助高质量发展建设共同富裕标杆县的打造，共绘富裕美好县域图景，共书"共富宁海""幸福宁海"的美好历程！

宣讲感言：恰是春风吹来时，尚在奋斗进程中。在实地走访、融入群众、铺开宣讲的过程中，我时常在思考，共富到底富的是什么？愈发贴近这片土地，我亦日渐明晰，"共同富裕"，富的不仅是经济上、物质上的收益，还有人们心中强大的精神力量、充实的文化底蕴及对未来生活的美好向往。既要富经济、赋力量，也要富文化、赋追求，从而筑牢希望，助织百姓幸福图景。

习近平总书记曾言，广大青年既是追梦者，也是圆梦人。追梦需要激情和理想，圆梦需要奋斗和贡献。

在这青春信仰与时代号召的双向奔赴中，致力共同富裕、共书百姓幸福，亦是追梦与圆梦的过程。这一过程非一蹴而就，须用心用力用情，更需要用志气、骨气、底气接续奋斗、砥砺前行！

>>> 瑞安市塘下镇陈岙溪美丽风光

8. "山水罗阳·共富陈岙" 未来乡村

瑞安市求是宣讲中心宣讲团 朱超颖

"山岙房屋稀,露岩作天梯;泥土脚下踢,肚皮往里吸;干群光着急,出外把头低。"以前的陈岙村是一个名不见经传,很不起眼的偏僻小山村。近年来,为主动融入大罗山生态区发展目标,村"两委"通过"退二进三",整合土地资源,盘活资产,实现旧村改造。如今的陈岙,先后获得"中国美丽乡村百佳范例""浙江省先进基层党组织"等数十张国字号、省字号金名片,真正实现了由平凡村落到物质富裕、精神富有、环境优美的"未来乡村"的华丽蜕变。

选好新班子,奠定稳固的组织基础

过去的陈岙,村级组织派系分化严重、软弱涣散、矛盾问题突出,严重影响了村集体经济的发展。2002 年,村书记陈众芳经村民集体投票和推选继续连任,带领村"两委"为村庄建设出谋划策,当年陈岙溪整治一期工程所需的 123 万元启动资金就是通过村"两委"成员捐献工资和家中积蓄为工程垫资筹来的,村"两委"成员还亲自参与了筑堤石头的采购与搬运,为村民们干了许多实事。

把握新机遇，选择与时俱进的发展路径

村"两委"依据本村实际，充分利用政策提供的机遇，与时俱进，有效推动了村庄发展。如2010年房地产市场形势良好，村"两委"根据省政府关于开发"低丘缓坡"的政策，开始谋划旧村改造，提出"用一间宅基地，置换一套花园式洋房并配送两个停车位"，建设费用1.8亿元全部由村集体支付，村民不花一分钱就住上了新居。又比如在鼓励发展"乡村旅游"的大背景下，村"两委"于2014年逐渐将工业迁出，向乡村旅游休闲业转型，先后开发瑞安最大的天然游泳池、漂流、农家乐等项目。这里已然成为生活在村里的村民不想出去、出去的村民想回来的桃源，实现了由"城中村"向"村中城"的飞跃发展，创建了现代农村全新样板。

聚焦新目标，开创共同富裕新征程

陈岙的共富乡村建设紧紧抓住水资源治理和青山白化治理这两条命脉，在治理的基础上做足本村优势资源的文章。一方面是"以水生财"挖出"第一桶金"，实施陈岙溪小流域水环境综合治理，不仅彻底解决了村民用水困难问题，又有偿为周边企业提供生产用水。另一方面是"以地生财"成功"变废为宝"，村"两委"以身作则，带头拆除私坟，完成了私坟迁移这个在农村几乎不可能完成的任务，整理出的大量土地为村庄的进一步发展奠定了基础。每年年末，村里都会将这些集体经济收入按比例派发，与村民共享发展成果。陈岙还投资850多万元建成老人公寓，为老年人提供居家养老照料等服务，全村初步实现了学有所教、劳有所得、病有所医、老有所养、住有所居。

陈岙的经验启示我们：一是坚持党对农村工作的全面领导，不断推进

农村治理体系和治理能力现代化。习近平总书记强调，把解决好"三农"问题作为全党工作重中之重，始终牢牢掌握党对农村工作的领导权。现在的陈岙村"两委"敢作敢为、直面担当，那些乡镇政府都感到棘手的问题，村"两委"通过悉心做工作，也能顺利解决。因此，优秀的村"两委"班子成员是决定共富乡村建设成功的主要因素，是舵手，是组织基础。二是坚持一张蓝图绘到底的战略定力。实践证明，陈岙村的整体发展格局抓住了事关绿色产业发展的规划关键，陈众芳书记上任后，抓住村庄山水资源优势，说服村集体出资27万元请人为陈岙村制订了瑞安首个乡村旅游规划。十几年来，以陈众芳为首的村"两委"班子历经风风雨雨，一手描绘出壮大陈岙村的发展蓝图，一任接着一任干，才得以带领村民走出一条致富道路。三是坚持以人民为中心的基本价值立场。陈岙村以保障和增进民生福祉为出发点和落脚点，紧扣习近平总书记提出的"绿水青山就是金山银山"的发展理念，推动"山水银行"各类资源"变废为宝"，从而更好地"以景生财"，加快"绿色转型"，千方百计增加村民收入，从而更好地助力共富乡村建设。

宣讲感言：瑞安因水而名，因水而兴。如今，我们身边一个个村庄蝶变的背后正是这样一群村社干部，用几十年的时光治水护水兴水，不停地实践着共富乡村建设的美丽梦想。本次宣讲着重介绍的正是我们瑞安塘下镇的陈岙村，村书记陈众芳从搬迁电镀厂到整治河道再到发展旅游业，带领村民走出一条致富道路，将陈岙村打造成为我们现在看到的温州市"高端引领型"美丽乡村。也正是这样一些"草根力量"的不断壮大，我们的水系在"绿水青山就是金山银山"理念的实践下，才得以成为如今村庄发展的美丽之源、致富之源、兴旺之源。从"以水生财，挖得第一桶金"到"因地制宜，推动产业升级"，让我们从美丽乡村建设的经验启示中，在共同富裕的浪潮下走向美好未来。

>>> 温州市文成县侨家乐"爱绿山舍"民宿

9.共同富裕的小城故事

文成县"共同富裕·青年说"宣讲团　王　立

你眼中的共同富裕是什么？关于这个问题，可能一百个人有一百个回答，因为共同富裕这个词的含义可以很广，广到动辄数千万的投入，都不能涵盖它的全部内涵；这个词的含义也可以很小，小到出门看到天空湛蓝，看到路边的三色堇盛开，便是岁月静好。那么在文成，这座远山含翠，绿水逶迤的浙南山区小城中，共同富裕带来了什么，又改变了什么？

一份建议，一种期待

在 2022 年年初的温州市"两会"上，来自各行各业的代表围绕共同富裕畅所欲言，提出了不少高质量的意见和建议。在这之中，文成代表团的一些农业科技工作者的审议发言让我印象非常深刻。他们认为共同富裕要高度重视"三农"工作，希望文成的发展依托其良好的自然资源禀赋，依靠农业科技进步，因地制宜地示范推广优质品种，促进农业生产优质化、绿色化、品牌化发展。

的确，在当今时代，统筹生态保护与社会经济发展尤为重要，而生态文明更是离不开科技支撑。2003 年以来，有 26 批次共 310 余人次省市科技特派员来到文成，他们用实际行动，为山区县走好新时代共同富裕之路提供了强有力的人才和技术支撑。经过接续不断的努力奋斗，《文成糯米山药生产技术规程》等一份份具有"科技感"与"文成味"的文件相继出台，在这里，糯米山药从"丑疙瘩"变成网红爆款；在这里，高山杨梅、金丝皇菊走出山坳，远销海外。通过优质高效的农产品培育，文成的农产品逐步实现了从无序到标准化、从低端到品牌化的华丽转身，这就是文成解答共同富裕的方式之一。

一处风景，一种便利

习近平总书记指出："新时代的中国青年，生逢其时、重任在肩，施展才干的舞台无比广阔，实现梦想的前景无比光明。"[①] 作为基层一线的选调生，我也在基层的广阔舞台上，感受着共同富裕带给文成点点滴滴的变化。我在挂职的樟台村高速路口拍摄过一张照片，在蓝天白云下，文成高速路口与樟台新村相映成趣，可谓实现了大山里的"高速梦"。

可是，想要实现这个"高速梦"又谈何容易呢？除了高速路本身的技术难题之外，如何做好百姓工作，如何呵护好青山绿水都非常关键。在中共文成县委的坚强领导下，在各方的大力配合和支持下，近 5 年来，文成完成综合交通投资超 100 亿元，综合交通网络实现里程碑式的发展。文瑞、文泰高速的正式通车分别标志着文成实现高速公路"零"的突破，浙江实现"十三五"陆域县县通高速的目标。并且在"高速梦"实现的同时，樟台村青山绿水依在，百姓安居乐业。在村里工作之余，我也会走到樟台村头，看着一条条道路如巨龙一般在山间蜿蜒，它们拉近了这座浙南山区小城与

---

① 引自习近平在《在庆祝中国共产主义青年团成立 100 周年大会上的讲话》一文。

世界的距离。实现共同富裕，文成正在步步行动。

一段传承，一种改变

共同富裕不仅要充盈每个人的"钱袋子"，更要高度重视大众的精神文化生活，实现物质文明和精神文明的协调发展。正所谓"共同富裕、侨来建功"，在这个华侨侨眷占总人口数 60% 的县城，文成利用侨眷与乡贤优势，将华侨的特色与本地文旅产业相融，探索出了"一家一特色，一宿一风情"的"侨家乐"文旅新业态。截至 2021 年年底，文成全县"侨家乐"累计接待游客 33.5 万人次，接待过夜游客 15.3 万人次，实现综合收入超过 1.2 亿元，各项指标均高于全县民宿产业相对指标 30% 以上。

在文成，玉壶国际慢城、西坑让川古村等一个个"网红打卡地"让游客们流连忘返，文成的文化事业与文化产业蓬勃发展，走出了一条别具特色的共富之路。作为浙南山城的共富 IP，文成"侨家乐"不仅让老百姓"钱袋子"鼓起来了，也不断赋予文成"侨乡文化"和"刘伯温文化"的时代内涵，为乡村振兴建设、推进共同富裕事业添了浓墨重彩的一笔。

结语

瓯江潮涌催奋进，共同富裕谱新篇。现如今，共同富裕的历史画卷正在从浙江、从温州拉开序幕的一角，并在文成的发展实践中熠熠生辉。在这历史沉淀出来的青山秀水间，共同富裕的道路上，文成正奋楫争先、奋发笃行，用实干创新书写着时代答卷，共同富裕的小城故事，仍在续写……

宣讲感言：非常荣幸能够成为"共同富裕·青年说"宣讲团的一员，在田间地头、村舍村居讲述着共同富裕的文成故事。我的家乡位于安徽省南部的山区县，自然禀赋与文成县十分类似，作为山区县的孩子，也是"新浙江人"和"新文成人"的我，切身感受到了共同富裕带给这座山区小城点点滴滴的变化。在宣讲的同时，我也见证了很多优秀的文成青年，他们生于大山，走出大山，又回馈大山，大山里飞出的金凤凰终将归巢，青年才俊们用自己知识和本领，为家乡带来了共同富裕的勃勃生机。

习近平总书记指出："有责任有担当，青春才会闪光。"作为新时代的浙江青年，我们要讲好共同富裕的故事，也要在乡村振兴大舞台、服务社会第一线中实干笃行，真正做到不负时代、不负韶华。

>>> 温州市苍南县金乡镇"古城雅韵·梅岭风情"乡村振兴示范带梅峰公园

10.以乡村振兴"画笔"描绘共同富裕"风景画"

苍南县金乡镇　薛光浦

过去五年，温州在改革开放中探路先行，城乡面貌焕然一新，发展活力持续被激发。2022年温州政府工作报告站位高远、全面系统、内容翔实、措施有力，为温州描绘了未来五年的宏伟蓝图。其中，奋力打造共富先行、共建共享的美好新家园是一项重要的内容。温州要围绕"三基三主"，建设提升百条乡村振兴示范带，谋划实施千个生态产业项目；高水平建设新时代文化温州，争创全国文明典范城市。

习近平总书记指出，乡村振兴是实现中华民族伟大复兴的一项重大任务。"产业兴旺、生态宜居、乡风文明、治理有效、生活富裕"是中央乡村振兴的宏观大政，苍南县金乡镇也基于美好新家园建设的价值追求和思维逻辑，设计架构，定位功能，引领走势，打造幸福乡村价值链。

近年来，苍南县金乡镇启动了"古城雅韵·梅岭风情"乡村振兴示范带，以建设生产发展、生活富裕、生态良好、自然人文特色彰显的新农村为目标，把资源优势转化为发展优势，打造特色富农产业。通过优化规划设计、营造风貌特色、提升基础设施、改善生态环境等措施，努力建设以景促游、以游带产，走上共同富裕的道路。在这一过程中，广大人民群众的主观能动性得到充分调动，发挥出主人翁作用，积极参与到乡村振兴的伟大实践中。

在未来的五年中，苍南县金乡镇将借助乡村振兴示范带的发展，继续围绕农村一、二、三产业融合发展，依托种养业、绿水青山、田园风光和乡土文化等，实现优势明显、特色鲜明的乡村产业布局，发展乡村文化旅游。要围绕乡村资源开发，加快乡村建设，以乡村特有要素为基础和重点，统筹抓好错位开发、精准定位、综合治理等工作，打造社会主义新农村。要发展本地特色种植业和养殖业，依托于农业资源与产业基础，大力开发具有当地特色的产业链，帮助农民丰收致富。在文旅融合的基础上，推动三产融合、城乡融合，构建新型的旅游产业体系。乡村文旅产品要在体现本地优秀传统文化灵魂的基础上，深入挖掘和提升文化内涵。要完善乡村旅游基础设施水平和公共服务设施配套，让乡村景观由"背后存在"转变为"柔性展示"，让乡村风情由"蜻蜓点水"转变为"驻足停留"，让乡村休闲由"吃喝玩乐"转变为"品赏体验"等，打造有特色的、有生命力的本地特色文旅产品。

各项举措的实施，必将激发出广大农民的积极性、主动性、创造性，为金乡镇建设"历史文化名城、生态工贸重镇"作出新的更大的贡献，使金乡镇的形态美、自然生态美、文化神态美进一步展现出来，真正成为人民群众的美好新家园。

宣讲感言： 习近平同志在担任浙江省委书记期间，在浙江的绿水青山间留下了一连串的足迹。当时的浙江，既处在发展机遇期，又处在矛盾凸显期。一方面，浙江经济社会发展势头良好，已成为全国经济发展最好最快、最具活力的地区之一；另一方面，各种新情况新矛盾不断出现，经济社会发展存在不容忽视的问题。为酝酿推进各项改革，习近平同志夜以继日抓紧调研，在短短118天里，跑遍全省11个市，走访了25个县。习近平同志也曾来到过我现在工作的苍南县金乡镇指导抗台救灾工作，同时也为苍南县乡村振兴和共同富裕工作指明了方向，这为我这篇宣讲稿提供了理论的出发点和实践的落脚点。

>>> 安吉县残联联合郭吴镇及安吉智残亲友协会开展送服务进家门活动

11.一起向共富

安吉县鄣吴镇　程　博

　　回望百年历程，那为国而燃的青春之火，始终拨动着我们的心弦。五四青年的爱国之火，照亮了沉睡的东方；革命年代的星星之火，唤起了无数国人的觉醒；大漠戈壁上，青年建设者的奉献之火，点亮了中华民族的未来；改革春风里，青年奋斗者的激情之火，创造了中国崛起的奇迹。风云变幻，沧海桑田，不变的是精神，不老的是青春。

　　共同富裕是全体人民通过辛勤劳动和相互帮助最终过上丰衣足食的生活，也就是消除两极分化和贫穷基础上的普遍富裕。但是我们不能忽略了残疾人也享有此项权利，我们有责任和义务帮助这些残疾人。

　　共富路上一个都不能掉队，残疾人群体不能忽视。我身边就有关心帮助残疾人的事例，安吉县鄣吴镇上吴村翠峰蔬菜专业合作社成立于2012年3月份，现有无公害蔬菜基地100亩。2018年起，合作社通过公益性岗位陆续聘请了6名残疾人（包含60后、70后、80后、90后，主要是智力、视力、肢体残疾）到蔬菜基地上班，主要从事挖地、种菜及除草等工作，这让他们在家门口拥有了就业机会，工资按照我县最低工资标准，并缴纳五险，让每一名在合作社内工作的残疾人都能依靠自己的双手吃饭，享受到应有的权利。每个人无法选择自己的出身，既然拿到了属于自己的那份剧本，就应该努力地将自己的剧本演好，虽然有时候会面临痛苦，但是只要自己曾经努力过，在痛苦中也有精彩。

我出生在 2000 年，是"生在红旗下，长在春风里"的青年一代，是与新时代共同前进的一代。现在，我是一名即将毕业的大学生，也是一名定向培养的乡镇文化员，在每一个假期我都会返乡实习，在实践中提高自己的专业水平和专业技能。而每一次的学习和实践都让我感受到了作为乡镇文化员的使命与担当，也更加坚定了我要扎根基层，努力奋斗的决心。

每天的工作都很忙碌，不瞒大家说，我每天最期待的就是下班时间了，可就在有一天我准备下班回家的时候，突然县里来了紧急通知，有一大批外来的采茶工要来安吉务农，其中一些人来自疫情高风险地区。政府人员必须要对每一名采茶工进行核酸检测、信息登记，镇里需要大量的人手帮忙。虽然实习生可以不用参与到这次活动中，但是我还是毅然决然地加入志愿者的大部队里，和同事一起做起了核酸检测，防护服一穿就是十几个小时，从早上八点一站就是一整天。不为别的，我就在想，别人都能干，为什么我不能？天气很热，防护服里的口罩早就蓄满了我的汗水，我好几次都被自己的汗水呛到。但是当我看到周围的同事们一声累不喊的时候，我才明白，这就是我们这一代的坚持与信仰，当国家需要我们的时候，我们一定会站出来。有人说，00 后是垮掉的一代，但是我们 00 后也在用行动来证明——中国，从来就没有垮掉的一代。我们，是在争议中也能闪出光芒，撑起国家未来的一代。

翻开历史书卷，从"愿以吾辈之青春，守护盛世之中华"的披荆斩棘，到"青年兴则国家兴，青年强则国家强"的乘风破浪，到"请党放心，强国有我"的铿锵誓言，一代代青年人滚烫人生的焰火，始终在燃烧。也许，我们的日常奋斗够不上惊天动地，可正是萤火之光共荣汇聚，才照亮了生生不息的民族精神。也许，我们的微小付出称不起轰轰烈烈，但若没有普通人挺身而出，又何来众志成城的磅礴之力。新时代的生活，可能平常，但绝不平淡，新时代的青年，可以平凡，但绝不平庸。这是我们的志气、我们的骨气、我们的底气。站在"两个一百年"奋斗目标的历史交汇点上，今日之中国青年，正在向时代交出"天将降大任于斯人也"的全新答卷。

青春生生不息，奋斗未有穷期。中国梦的未来，属于青年，新时代的荣光，属于青年，我们已经做好准备，跑好属于我们的这一棒，百年奋斗，薪火相传，让我们在春风里，一起奔向共富吧。

宣讲感言： 天行健，君子以自强不息。共同富裕是近几年来一直在谈论的话题，而我们不能忽视的，是处在大群体当中，一部分残疾人的权利。我们每个人在出生的时候，无法选择自己的出身、自己的智商、自己的机遇。人生中绝大多数的东西都不是自己可以决定的，但是我们可以决定的，是我们对于人生的态度，那会决定我们未来人生的方向。

>>> 南浔区南浔镇横街村文化礼堂

12. "文化礼堂"绘就共富新篇章

"浔先讲——乡里乡青"宣讲团　周　婉

　　翁诞宪先生创作过一幅油画作品《农村文化礼堂建设》，整幅画色彩明艳，暖意融融。远处，白墙黛瓦之下，大红色的"文化礼堂"标识格外醒目。礼堂前，人们或在欣赏热闹非凡的舞龙表演，或在围观打糍粑，一旁的乡贤老者正挥毫泼墨，书写寄语。耄耋老人们在簇拥中温馨落座，孩子们乐呵呵地拿着福字拜寿，好一派节日的洋洋喜气！好一幅农村文化礼堂的和谐景象！

　　这样的场景相信大家并不陌生，浙江的农村文化礼堂是全国首创。2013年，省委省政府提出建设物质富裕、精神富有的"两富"浙江战略部署，发出"建设农村文化礼堂"的号召。那什么是文化礼堂呢？"礼"有着向善行德的行为内涵，而"堂"则是最能体现中国传统礼仪文化的场所，文化礼堂就是通过举办各种形式的活动，传播文化、弘扬礼仪、滋养精神的地方。南浔积极响应省委号召，在美丽乡村建设中，因地制宜地建设了一大批各具特色的文化礼堂，建立起精神"共富阵地"。

留存

文化建设需要"知来处、明去处"，打造缅怀历史、回味故事的"乡愁基地"，文化礼堂有着天然的基因。

横街电影院，曾是横街老百姓文化娱乐的重要组成部分，横街村文化礼堂与老电影院创新结合，在保留影院功能的同时，还设置了老物件展示区。在这里，村民可以集体观看红色电影，还可以在礼堂的"互动留影"版块定制专属的老电影票。老物件唤醒了人们对过去的回忆，他们的眼眶湿润了，因为这里唤醒了他们的乡愁，也让他们找到了心灵休憩的地方。

传承

南浔是文化之邦，非物质文化遗产丰富。如何展示和传承这些无形的、分散的非物质文化呢？文化礼堂提供了一种解答。

旧馆港廊古村落依河起市，傍水而建，村里有个小小的四合院，是港胡村文化礼堂。小礼堂有大作为，这里展示的是国家级非物质文化遗产——麦秆画。无论是清新雅致的梅、兰、竹、菊四君子图，还是栩栩如生的猛虎下山图，都是传统中国画与农作产物——麦秆的完美结合。村民们在礼堂拜师"非遗"传承人学习"非遗"文化，用麦秆描绘出美好生活的画卷，丰富着古村落的精神内涵，打造了一张乡村文化的"金名片"。

凝聚

文化礼堂，是农村举办各类活动的第一阵地，有了礼堂，就有了凝心聚力的精神家园。

和孚镇新荻村是一个典型的江南小渔村，近年来大力发展水文化、渔文化和菱文化，成了远近闻名的美丽乡村精品村。村里的文化礼堂，是人气最旺的地方，在举办各类精彩活动的同时，还成功打造了一年一度的"采菱节""鱼文化节"等品牌活动，走出了农旅融合的新路子。2021年更是承办了浙江省献礼建党百年音乐作品巡演活动。礼堂整合本地自然资源和外部优质文化资源，精准对接村民的文娱需求，带动村民增产增收，让同心共富成为全体村民最真实的内心写照。

留存、传承、凝聚。农村文化礼堂就是这样一个地方，她承载文明实践功能，弘扬社会主义核心价值观；她礼赞传统，传承文化，让人们记得住乡愁，守得住文脉；她是村民的乡村"会客厅"，是娱乐健身的乐园，更是寄托心灵、陶冶情操的精神殿堂。

礼堂有形，乡情所归。文化礼堂就这样生动讲述着我们的乡土故事，展示着乡村人文的最美风景，闪耀着精神共富的最亮底色。她注定将在乡村振兴的道路上留下坚实足迹，在精神共富的图景中写下华彩篇章。

宣讲感言：浙江的农村文化礼堂是全国首创。2013年，省委省政府提出建设物质富裕、精神富有的"两富"浙江战略部署，发出"建设农村文化礼堂"的号召。南浔是文化之邦，非物质文化遗产丰富。如何展示和传承这些无形的、分散的非物质文化呢？南浔的文化礼堂向大家提供了一种解答。南浔的文化礼堂生动讲述着自身的乡土故事，展示着乡村人文的最美风景，闪耀着精神共富的最亮底色。她注定将在乡村振兴的道路上留下坚实足迹，在精神共富的图景中写下华彩篇章。

>>> 嘉兴市南湖区凤桥镇的美丽公路创建成果

13.红色嘉兴的共富之路

嘉兴学院　胡　进

100年前，在嘉兴南湖的一叶画舫上，中国共产党诞生，"消灭阶级差别"开始成为许多人的理想追求；100年后，昔日的起航地正循迹蝶变，实现跨越式发展。

今天，带着习近平总书记"成为全省乃至全国统筹城乡发展典范"的殷切期望，我们一起走进红船起航地嘉兴，探寻"一段路、一条河、一张卡"的故事。

一段路拉近了城乡距离，让共富"走进"了老百姓的心里。习近平总书记在浙江工作期间到嘉兴调研统筹城乡发展工作时，乘坐101路城乡公交车，从嘉兴火车站来到南湖区凤桥镇三星村，高度肯定了嘉兴的城乡交通一体化做法。近20年来，嘉兴全力构建城乡一体的公共交通体系，持续升级美丽公路，让城市公路"添绿成林"，农村公路"美丽成网"。嘉兴全市域实现了城乡公路一体化，阡陌交通、鸡犬相闻的美好图景变成了触手可及的美好生活。随着美丽公路的延伸，"两美"嘉兴正美梦成真。

习近平总书记提出的"绿水青山就是金山银山"，深刻阐述了经济社会发展与生态环境保护的关系，指明了发展与保护协同共生的新路径。在嘉兴市嘉善县干窑镇有一条河叫新泾港，岸绿水清，农旅结合，现在是远近闻名的 3A 级旅游景区。很难想象 2016 年以前，全长 1900 米的新泾港淤积严重，水体黑臭。问题在水里，根子在岸上。干窑镇以壮士断腕的决心，大刀阔斧开展小城镇环境综合整治。经过三年的整改，新泾港秀水回归，实现了经济社会发展的旧貌换新颜，从工业胶合板生产大镇蜕变为智能机器人小镇，演绎了"从木材到人才，从瓦片到芯片"的美丽嬗变。"黑臭河"治理成功的背后，展现的是嘉兴人逐绿而行、点绿成金、大力践行绿色共富的信心和决心。

习近平总书记提出，要把提高发展平衡性放在重要位置，不断推动公共资源向基层延伸，构建优质均衡的公共服务体系，建成全覆盖可持续的社会保障体系。[①] 从 2009 年起，嘉兴人的日常生活便和我手中的这张卡片——嘉兴市民卡关联起来。从起初单一的社保功能到如今应用覆盖日常生活各方面，嘉兴市民卡有力推进了嘉兴的城乡统筹发展。嘉兴市民卡多卡合一、一卡多用、智能互动的特色，充分体现了"便民惠民"的理念。如今，嘉兴市民凭着一张"全能卡"，可以方便快捷地办理个人相关事务，享受各类公共服务，实现了医保卡、公交卡、借书卡、健身卡等数十种卡、证的合一和兼容，市民出行、看病、办事、消费、娱乐可以"一卡在手、通行嘉兴"。嘉兴市民卡通过公共资源共享，让服务跨出了行政边界，走向市外。一张卡的逐步扩容、升级，让我们对未来城乡之间公共服务、资源的对接与互联互通，充满了信心与期待。

2021 年 7 月，新华社发文，盛赞嘉兴的探索实践是整个浙江高质量发展建设共同富裕示范区的重要缩影。中国革命红船起航地成为均衡富庶发

---

① 引自习近平《在深圳经济特区建立 40 周年庆祝大会上的讲话》一文。

展的先行地，努力让共同富裕看得见、摸得着，犹如中国共产党"写在大地上的宣言书"。

星光不问赶路人，历史属于奋斗者。站在新的历史方位，嘉兴到了厚积薄发、蝶变跃升、跨越发展的新阶段，正踏步行进在高质量发展、共同富裕示范、现代化先行的康庄大道上。新的赶考之路使命更光荣、责任更重大，嘉兴要率先形成高质量发展建设共同富裕示范区的标志性成果，率先基本实现社会主义现代化，为加快建设共同富裕典范城市和社会主义现代化先行市作出新的、更大的贡献。

宣讲感言：站在"两个一百年"奋斗目标的历史交汇点上，习近平总书记和党中央赋予了浙江高质量发展建设共同富裕示范区的光荣使命。当前，浙江高质量发展建设共同富裕示范区已迈出坚实一步，作为祖国发展的主力军和"潜力股"，青年一代理应扛起守好"红色根脉"的时代责任，把青春融入"共同富裕"的理论学习和奋斗拼搏中。作为高校青年教师，我非常荣幸参加了"共同富裕·青年说"宣讲活动，也因此对共同富裕的重要理论有了更深刻的认识。作为一名青年宣讲员，我将继续激励广大青年担当起高质量发展建设共同富裕示范区的重要任务，引领更多青年力量投身其探索实践，为展现共富理论的时代活力与盎然生机，贡献自己的青春力量。

>>> 嘉兴 101 路红色旅游公交线路首发式现场

14.开往春天的101路公交

嘉兴市交通学校　徐雯君

当南湖旁的第一缕阳光普照嘉禾大地，公交车迎着晨光开始出发。

说到嘉兴公交，我们还要从一位特殊的客人说起。

一位特殊的客人

那是 2004 年的春天，时任浙江省委书记习近平来嘉兴调研工作，特意登上了 101 路城乡公交车。

开车的师傅沈水根说："总书记上车坐的位置，能看到全车的情况。"

101 路是我市第一条城乡公交线路，从嘉兴火车站到凤桥三星村，习近平同志边看边问：车次多不多，乘车是否方便。虽然那时候路还很窄，车也不宽敞，但习近平同志却从中看到了统筹城乡发展的美好未来。他高兴地说，"嘉兴完全有条件成为全省乃至全国统筹城乡发展的典范"。

谆谆嘱托，殷切希望。从此，嘉兴迈向城乡一体化协调发展的脚步一刻也没有停下。城乡公交改革的步伐越来越快，越来越稳。

一把改革的钥匙

54 岁的沈水根师傅已在这条公交线路上工作了整整 25 年。2009 年，嘉兴在浙江率先吹响了"城乡一体化"号角，城乡公交一体化成为开路先锋。沈师傅主动交了车钥匙，从私营车老板变成了一名国有企业职工。

37 条线路的 202 辆民营公交车全部挂上"国字号"，由国鸿公交正式接手运营。至此，市区原有以承包挂靠经营模式为主的民营城乡公交彻底退出历史舞台。

沈水根师傅说："以前和现在不好比了。以前是 5.9 米的小中巴，现在是 12.5 米的新能源车；现在路越来越好，车子越来越好。以前是老百姓到城里去买东西，现在是城里人到我们乡下来买东西。"

18 年来，101 路城乡公交经过数次更新升级，人们的出行越来越便捷，体验也是越来越舒适。

村民刘珊珊说："以前车少人多，而且票价又高。凤桥到嘉兴火车站要 5 块钱，有时候还挤不上车，城乡公交一体化改革以后，我们感觉真的太方便了，票价跟城市里一样，车次又多，10 分钟一班，坐这个车真的很方便，我们很愿意坐这个车。"

当年的 101 路让城市公交直接开到农民家门口，现在这条线路上，还贯穿着另外 5 条公交线路，村民像市民一样享受到更多的便利，101 路公交车的过去和现在就是嘉兴公交近 20 年发展的一个缩影。嘉兴已经构成了城市、城乡、城际"三网融合"的公交一体化格局，形成了市中心到各县（市）区 1 小时公交出行圈。公交的改变不仅给农民带来了出行便利，而且给他们打开了一片新天地。

一幅共富的画卷

直通家门口的公交也给村里带来了巨大的变化。

　　风桥镇三星村村民应华兴说："我们以前没有公交，到城市里面要坐轮船，现在城乡公交一体化，有公交了。这为我们果农卖水蜜桃，还有旅游业增加了不少收入。城市里很多的居民坐公交到我们这里来采摘，到我们这里来旅游，把我们 30% ～ 40% 的水蜜桃都买去了。"

　　道路通畅了，销路也更顺畅了，远近闻名的三星水蜜桃真正成为当地实现共同富裕的"致富果"。

　　城乡公交一体化给乡村插上了腾飞的翅膀，在推进共同富裕的道路上，公交车满载着幸福和希望，让一个个名不见经传的小村庄成为远近闻名的"乡村旅游天堂"，让一条条公交线成为农村百姓通向共同富裕的康庄大道。

　　透过 101 路公交看一座城，革命红船起航地的嘉兴，如同一幅优美画卷，将嘉兴的共富之路进程展现得淋漓尽致。

　　透过 101 路公交看一个国，在 10 米车厢感受美好中国的模样：文明和谐、蓬勃向上、充满希望。

　　透过 101 路公交看一个党，我们能读懂"中国共产党为什么能"的核心要义。在实现民族复兴的路上，始终坚持人民至上，变了的是时间，不变的是初心！

　　宣讲感言：作为《开往春天的 101 路公交》的宣讲者，我想透过 101 路公交让大家看到一座城的使命、一个国的担当、一个党的初心。101 路的故事是嘉兴在推进共同富裕道路上的一个缩影，也是嘉兴在统筹城乡发展典范引领的一个有力见证。2004 年 3 月，时任浙江省委书记习近平在嘉兴专题调研统筹城乡发展工作时，坐上 101 路公交车，亲身感受嘉兴城乡基础设施建设一体化带来的变化。18年来，按照习近平同志在调研时提出的"嘉兴完全有条件成为全省乃至全国统筹城乡发展的典范"的重要指示精神，嘉兴城乡公交发展始终处于全省乃至全国前列，先后引领城乡公交一体化、市域公交一体化的发展。在推进共同富裕的道路上，101路城乡公交满载着幸福与希望，让农村百姓过上美好生活。

>>> 王子琦在嘉兴市全市党校系统"建功新时代·奋进新征程"建功竞赛暨"喜迎二十大奋进新时代"微党课竞赛上

15.数字之尺度量共富之梦

浙江红船干部学院　嘉兴市委党校　王子琦

提到数字和数字化，很多人首先想到的可能是抽象冰冷的模型、代码，但正是这样的数字，却诉说着最温情的话语，度量每一个关于幸福的梦。

122±7，是人体最放松的角度，也是创新为民的态度

第一个数字，122±7。2022年北京冬奥会上，一张来自浙江嘉兴的床垫引来了美国运动员的连声赞叹和激动分享，其发表在网上的视频短短一天就获得了全球网友的36万次点赞。视频中被美国运动员称赞的"零重力模式"就是将人体与腿部调整为122±7度，这个数字是生产商麒盛科技用睡眠大数据测算出的人体压力最小的角度。此外，这张床垫还配有鼾声干预、健康预警等各种"黑科技"。而这一切的缘起，是2012年，麒盛科技的一名员工在家中熟睡时因突发心脏病意外离世。

对这家公司而言，创新的意义，不是什么遥不可及的雄心壮志，只是一个"小目标"——让更多的人安心睡个好觉。让人们有优质的睡眠时光就是公司的健康梦、共富梦。如今，公司的产品也部署在了试点地区的老

年人家中，数字赋能居家养老，预期延长目标人群 2 ～ 3 年的健康寿命，获得央视、光明网的点赞。

122±7 度，是嘉兴民营企业用"小数字"助力"大健康"的时代缩影，也是创新发展成果更多更公平惠及每个人的生动写照。

36.5，是人类健康的温度，也是数字化应用的效度

第二个数字，36.5。新冠肺炎疫情中，有网友饱含深情地写下"今年的骄傲是体温 36.5 度和生活在浙江嘉兴"。这一高分"答卷"的背后是"健康码""微嘉园"等数字化应用的支撑，为这个多次遭到疫情冲击的城市增添了顽强的治理韧性。

不只疫情防控，数字化改革早已全面重新定义了共同富裕的温度。那些重磅的应用场景正用最接地气的"小目标"重塑我们的生活。"浙江外卖在线"的小目标是让我们再忙也能安心吃顿饭；"社区运动家"的小目标是让想运动的人不再因找不到场地和队友而放弃；"医学检验结果互认"的小目标是让看病的人再省点时间、再省点钱。一年来，数字化改革无数"小目标"的实现，给我们带来了太多的"小确幸"，回过头才发觉，原来数字化并不是冷冰冰的代码，而是可以带来无数温暖。

36.5 度，是数字化应用场景中蕴含的人性温度，也展现了每一段平凡生活的文明新景。

2035，是时间轴上的标度，也是奋进共富的刻度

第三个数字，2035。2035 年是浙江基本实现共同富裕的目标年份。当我们谈及共同富裕，想到的总是宏大叙事，但我想今天，我们不妨也给自己设置一个走向共同富裕的"小目标"：不是银行卡里增长的数字，而是我们的努力有没有让他人感到安心、温暖、幸福，成为他人的"小确幸"。

毕竟，共同富裕无法靠"躺赢"实现，在"中国号"的这次新远航中，没有坐享其成的乘客，你，我，他，每个人都是划桨者。

67年前，一步步实现"共同的富"就已成为我们的发展目标。67年过去了，在一个个小目标的设立、实现、再设立中，我们摘掉了落后农业国的帽子，消除了绝对贫困，实现了全面小康，也必将在数字文明新征程中，实践、认识、再实践，完成更多小目标，让数字技术更好地造福百姓、促进公平。

2035年，是几千年文明长河中短暂的一瞬，也将是开创人类历史崭新丰碑的一年。关键变量是数字技术，是发展质量，更是我们每一个人。共富之梦并不遥远，让我们用奋进的脚步丈量，脚踏实地，久久为功，一步一步将共同富裕的宏伟蓝图变为每个人的现实！

宣讲感言： 2022年是数字化改革纵深推进的关键年份，在一年多的数字化改革研究教学中，我深切感受到数字化改革的目的绝不只是提升行政效率，而是真真切切地为了共同富裕，将创新发展成果更多更公平惠及每一个人。在这篇6分钟的宣讲里，我想把我看到的那些数字化改革促进共同富裕的最鲜活的例子——关乎睡眠、外卖、运动、疫情防控，以及我们最能直接感受到的，生活的每一个侧面呈现出来。没有煽情，没有催泪，也不细究数字化改革和共同富裕的概念内涵，仅仅是像和老朋友聊天一样，和大家一起感慨日新月异的科技，感慨日益美好的生活。感慨之后，饱含深情地再次上路，继续在自己的岗位上为这片我们深爱的土地埋头耕耘，愈加笃定，愈加幸福。

>>> "桐乡青年名嘴"傅开蕊在濮院红旗漾村与全国劳模周阿龙探寻"种粮共富密码"

16.在希望的田野上

桐乡市总工会　傅开蕊

今天的中国，不仅依靠自身力量解决了 14 亿人口的吃饭问题，更实现了由"吃得饱"向"吃得好"的历史性转变。

在北纬三十度的嘉兴桐乡，我将带您实地探访田间地头的"共富"故事，体察中国粮食、中国蔬菜、中国果实的"意味深长"。

"夜来南风起，小麦覆陇黄"

共同富裕具有全民性，不是少数人、少数区域的富裕，而是全体人民共同富裕。"全面建成小康社会，一个不能少；共同富裕路上，一个不能掉队。"

拜访的第一位，是和土地打了 31 年交道的种粮专家周阿龙。20 世纪 90 年代初，种粮没有打工赚钱多，一时间，出现了大片废弃农田，周阿龙看在眼里，痛在心头。他一咬牙，不计成本承包种粮，那一年，粮食大获丰收。

"周老师，您的粮食一定卖出了好价钱吧？"我问道。

周阿龙却说："当时，国家粮站收购稻谷 7 毛 4 一斤，小贩收购价 1 块 5 分。我想啊，得响应国家号召，就全部卖给了国家。"

"您少赚一半钱呢！"

"哈哈哈，有人说我傻，我就想让大家都能吃上粮！"

我们何其有幸，守住耕地红线，端稳中国饭碗，有做着"禾下乘凉梦"的国士袁隆平，也有像周阿龙一样默默奉献着的种粮专家！

十里麦场，先富了"口袋"。

"开荒南野际，守拙归田园"

共同富裕具有全面性，坚持物质和精神富裕的统一，是实现共富的应有之义。习近平总书记说："共同富裕是全体人民共同富裕，是人民群众物质生活和精神生活都富裕。"①

我们来到桐乡西南角，拜访"种蔬菜长大"的张继东。从 5 亩地到 275 亩；从小拱棚到智慧化喷淋大棚；从单一的辣椒茄子到羽衣甘蓝、冰菜等 30 多个新品种，张继东走出了一条现代化农业新路子。

"每一批蔬菜都要经过严格的检测吗？"我们采访了他。

"对，我正在检测番茄的砷含量，不能超标。"

"包装上为什么贴着二维码？"

"扫一扫，就能看到蔬菜的生长全过程。"张继东展示给我们看。

2019 年，桐乡市乡村振兴"田间学堂"开班，张继东每年都对农户进行定期技术培训和辅导，分享自己种菜的经验。他还承接了首届崇福镇蔬果嘉年华、桐乡市美丽乡村一日游等活动，在现代农业的基础上逐渐衍生出了观光农业、生态农业等多种发展模式。

---

① 引自习近平《扎实推动共同富裕》一文。

百亩菜园，带富了"脑袋"。

"五沃之土，其木宜梅李"

共同富裕具有共建性，需要齐抓共建、相互促进、同向发展。人人参与、人人尽力，方能人人受益、人人享有。

来到桐乡桃园村，"家家户户种槜李，房前屋后种槜李"，但20世纪80年代，千年名果槜李曾面临着消失的险境。村党组织把果农召集起来，清点了一下家底，"还剩19棵，怎么办？""树，是我们村子的根，不能挖！"党员李应芳站了出来。"对！是啊！要保护！"大家纷纷附和。村党组织把果农召集起来，在场20多人签下一份请愿书，递交给上级党组织。

各级专家开始培优育苗，村党组织也积极自救，党员李应芳带头成立党员技术小分队，免费为村民发放树苗，并亲自传授嫁接、种植技术。

如今，全村591户种植槜李1800余亩，年产值超2500万元，还研发了槜李酒、槜李汽水等产品，桃园村也成了远近闻名的网红村。村庄实现了美丽蝶变。

千棵果树，丰富了内涵。

从"均贫富、等贵贱"到"冀小康、成大道"，"共同富裕"作为一种美好愿景始终与乡村发展如影相随。而作为一种实践形态，桐乡将"共富路"走出了鲜明的本地特色。在推进农业农村现代化的路上，我们有"愿得此身长报国"的农业专家，有"吾将上下而求索"的共产党员，也有"敢教日月换新天"的广大青年。

中国粮食、中国蔬菜、中国果实的背后，是中国人民越过越好的日子。"立政之本则存乎农。"乡村振兴是共同富裕的必经之路，共同富裕，重在富裕农民！丰年乐，岁熙熙，让我们在希望的田野上，逐梦未来！

宣讲感言： 共同富裕是城乡全民共享的富裕，在新发展阶段，必须促进农村居民持续较快增收，扎实推进共同富裕。

为近距离探访"共富"故事，我走到田间地头，实地走访调研了桐乡三个具有代表性的农场村庄，和农业专家们一起下地、吃饭，把握"地"的形势，突破"技"的瓶颈，激发"人"的力量。在交流中，我切实体会到了农业专家们对土地的情怀，感受到桐乡农村发展厚重的积淀，也畅想着未来"智慧化"农业的发展。学习调研中的"真听真看真感受"，为我"平时朴实授课，真情真心讲述"打下扎实的基础。

作为"桐乡青年名嘴说"理论宣讲团的一名宣讲员，我将继续走进农村、企业、校园、工地、社区，让更多的人从"草根"故事中，追寻初心之源，感悟真理力量，把"共富"故事分享给更多人。

>>> 上虞区实验小学与四川省乐山市金口河区和平彝族乡流黄水小学开展线上结对交流活动

17.一个都不能少

绍兴市上虞区实验小学　黄　越

一根网线，两块屏幕，一端坐着城里的孩子，一端连着山村的孩子，这是"互联网＋"下一堂别样的同步课堂。

从来没有想过，有一天我能在课堂上当一回"主播"，和实验小学、陈溪乡小的孩子同上一堂课，我在这头提问，屏幕那头立马能给出回答。"哪位小朋友能来读一读这句话？""我来！"瞧，屏幕那头孩子们小手林立；听，他们的朗读情感充沛。你一定想不到，这些孩子来自一个全校只有几十个学生的乡村小学。

这是我第一次接触同步课堂，利用"互联网＋义务教育"的新兴信息技术手段，实现远程同步的教学实效。随着城乡经济的均衡发展，乡村教育硬设施不断完善。我看到了一个和印象中的乡村小学完全不同的场景。在这里，老旧的校舍焕然一新，坑坑洼洼的泥地成了宽敞的操场，原本单一的黑板，现在有了现代化技术设备作伴。在教育的硬件逐渐实现现代化的同时，绍兴的教育行业的先行者还坚定不移地推进教育软实力的着陆，向着教育公平的准则、共同富裕的目标稳步前行。

共同富裕的核心便是教育公平。习近平总书记指出："教育公平是社会公平的重要基础，要不断促进教育发展成果更多更公平惠及全体人民，以教育公平促进社会公平正义。"①

"促进教育公平，一个都不能少！"的绍兴市上虞区"活教育"品牌，便是对照"共同富裕"视域下的高质量公共服务体系建设要求，打造的公平而有质量的教育。而同步课堂，就是坚持了"活教育"品牌，以数字赋能为纽带，用灵活的授课方式，推进社会发展成果为城乡学生所共享，为党和国家培养有活力的时代新人。

在面向学生的同步课堂之外，我们还依托"互联网"技术，开展同步教研、同步教学、同步主题活动，实现同学科教师的智慧共享、优势互补、融合发展，让城乡教育资源同频共振。我们上虞区还启动了"乡村学校名师引领计划"，进一步促进全区乡村学校全面提升，真正促进了"教育公平与均衡"。正如上虞区教体局局长房永军所说，努力锻造"办有品质的活教育，育高素质时代新人"的金名片，让"教育共富"成为教育新起点的一抹亮色。

"活教育"品牌"一个都不能少"的理念，不仅推动了绍兴共同富裕示范区的建设，更辐射到了祖国的西边。我们将"互联网+"的春风吹到了四川金口河区和平彝族乡、新疆阿瓦提县、西藏比如县，助推东西部教育资源均衡。还记得我第一次和西藏比如县第二小学连线，上了《坐井观天》这一课，我问了孩子们一个问题："如果你是那只飞了很远的小鸟，你会飞过哪里？"一个藏族女孩儿说："我想飞到上虞，去看看和家乡不一样的风景。"那一刻，我便深深感受到，同步课堂的教学不仅仅是知识的传授，更是教育公平带来的精神富裕，是为每一个孩子插上梦想的翅膀，让他们走出大山，走出高原，迈向给更广阔的世界。于是，我们更加坚定不移地

---

① 引自《习近平谈摆脱贫困：扶贫必扶智，治贫先治愚》一文。

踏着教育共富的步伐，为党育人，为国育才，为全社会的和谐发展与共同富裕贡献我们的力量！

如今，课堂上的"主播"老师越来越多，城乡资源的融合也愈发深入。我想，会有那么一天，无数孩子因为教育公平的实现改变了自己的命运，成为共同富裕之路上闪耀的星火。而绍兴的教育者，将始终坚守教育公平的初心，为教育共富献上力量，让这星火汇聚成祖国未来的光芒，照耀奋进新时代的征途。因为实现中华民族伟大复兴的中国梦，一个都不能少！

宣讲感言：作为一名预备党员、一名青年教师，我很荣幸能够作为共同富裕青年宣讲员，展示共富路上的青春力量、青年担当。自我们身边的小事说起，展现共同富裕在教育中的体现：从教育的硬件设施到软件设施，从绍兴上虞到祖国西部。希望我的讲述，能够让更多人了解共富故事，感悟浙江精神，让精神富裕、教育共富的理念为更多人所熟知，使党的创新理论"飞入寻常百姓家"，激励更多青年群体在共同富裕之路上勇毅前行、奋勇争先。

小麦离校回疆高考

>>> 小麦回新疆参加高考，在火车站与同学们告别

18.教育跨山海，同筑共富梦

金华市第八中学　柴慕竞

　　治国之道，富民为始；共富画卷，教育为先。全体人民共同富裕是党的十九大报告提出的奋斗目标，也是 56 个民族、14 亿人民的共同期盼。共富路上，人民教师能够做些什么呢？我今天分享的是"教育跨山海，同筑共富梦"的故事，这是一场从昆仑山麓到东海之滨、相距 1.1 万里、持续了 18 年、以教育支援带动边疆富裕的共同奔赴。

　　文化教育支援是先富带动后富、东西部协作帮扶的一项重要国家战略。2004 年，在时任浙江省委书记习近平同志的亲自部署推动下，对口支援新疆和田的浙江和田高中班应运而生。当和田地区干部群众问："和田班可以办几年啊？"习近平同志做出庄重承诺："办到和田人民不需要办为止！"

　　一诺千钧重，关山万里情。从此，新疆和田、浙江金华，两座跨越山河的城市心手相牵，新疆学子一批接着一批来，金华老师一任接着一任教。1280 名新疆学生，就像一颗颗希望的种子，在浙江这片热土吸收着养分，走向大学、步入社会，服务祖国、建设边疆。

　　小麦，是浙江和田高中班首届毕业生。受益于新时代党的治疆方略，他才有机会走出茫茫戈壁，来到浙江上高中。2008 年参加高考，小麦取得新疆维吾尔自治区第五名的好成绩，但是他谢绝了北大清华的邀请，毅然选择了北京师范大学。他说，金华老师们博大无私的爱深深地感染着他，他要把这份爱续写下去。他现在已经是和田三中的副校长，正在把一件件"法宝"传授给他的学生，让"明理躬行、经世致用"的婺学之风吹进沙漠绿洲。越来越多从新疆班毕业的学生也走上工作岗位，他们大多数像小麦一样选择返回新疆建设家乡，成为推动当地经济文化高质量发展、奋进共同富裕新征程的重要力量。

在辛勤的付出中，我们亲眼见证并努力推动浙江和田班成为促进民族团结的重要平台和推动共同富裕的神奇密码。

出生在祖国最西部塔克拉玛干沙漠边缘一个小县城的米拉迪力，是从金华飞出去的"雄鹰"。他是"中国青年五四奖章"获得者，第六届浙江和田高中班学子。在金华读书时，他对浙商的创业精神产生了浓厚的兴趣。老师看出了他的心思，一有机会就带他到企业、市场里走走看看。眼界开了，思想就活跃了。2015 年，还在读大一的米拉迪力做到了很多同龄人难以做到的事：他联合全国 47 个城市、150 多个创业团队的新疆籍大学生，组建"新丝路创客驼队"，带动了 6000 多名大学生创业。2019 年，米拉迪力策划了一款叫"新疆盒子"的创意产品，里面装有红枣、核桃、葡萄干，还有一小瓶塔克拉玛干沙漠里的沙子。这款凝聚着团结、感恩、幸福故事的新疆特产，一经网络推广，立即受到网友们的追捧，使他帮助 700 多家农户卖出超过 7 万公斤的新疆农产品。

十年树木，百年树人。18 年时间，习近平总书记在浙江工作期间撒下的"金种子"生根发芽、开花结果。在 2021 年的中央民族工作会议上，总书记提到了最后一届浙江和田班 147 名新疆学生写给他的感谢信，充分肯定"浙江和田高中班"的经验做法。如今，和田地区教育事业蓬勃发展，高考上线率达 95%，浙江和田班圆满完成了历史使命。

人才是富国之本、兴邦大计。在共同富裕道路上，人的全面发展是最坚固的基石，也是积蓄着无限希望和力量的种子。总书记当年播下的，是一颗智慧的种子，将知识和文化厚植于边疆沃土；也是一颗共富的种子，新理念、新本领弥合着东西部之间的发展落差。不管是烟雨迷蒙的江南，还是胡杨屹立的边疆，在孩子们鲜活的笑容中，我们真切地感受到各民族走向共富的坚毅步伐，这也让我们更加坚信，沿着总书记指引的道路，一定能抵达每个民族都不缺席的共同富裕美好彼岸！

宣讲感言： 以往，我将自己定位成一个时代的看客，这次层层比赛选拔促使我查阅海量相关资料，让我带着思考了解"共同富裕"四个字的内涵，更专注到我们国家的发展方向、民族命运。共同富裕，将伴随我们一生，它如同一面时代的镜子，将整个时间轴映射于我们人生经历中。2025年浙江将要基本形成以中等收入群体为主体的橄榄型社会？2035年远景目标是我国基本实现共同富裕？经济发展了，如何兼顾公平？不断走上新台阶的中国将来是什么样的？对于这些问题，这次宣讲比赛让我看到了国家最坚决的态度、最果断的行动、最善意的表达。这些是我们每一个老百姓健康幸福生活的底气。作为婺江潮声宣讲团成员，我应该在学深悟透、宣传宣讲上持续用力，主动示范引领，积极担当作为。

>>> 全国人大代表俞学文与群众共谋共富

19.共同富裕的履职答卷

金华市人大常委会办公室　樊一鸣

在宣讲的开始，我想请问大家，提到人大代表，你们会想到什么？只是在大会上举举手、投投票吗？总书记曾深刻地指出，如果人民只有在投票时被唤醒、投票后就进入休眠，这样的民主不是真正的民主。

人大代表作为践行全国人民民主的重要主体，带领着人民投身共同富裕的实践。在共同富裕的必答考卷上，物质富有、精神富足和社会和谐，三者缺一不可。今天，我想请大家走进三位人大代表的履职故事，看看他们用三个数字给出的答案。

第一个答案：5，答卷人是金华市人大代表陈美兰。2021年除夕夜，浙江婺剧团陈美兰新剧目团队的演员第五次登上央视春晚。婺剧成功的秘诀，就在于把戏演到人民中去。作为来自文艺界的代表，陈美兰在调研中发现，传统文化在基层缺位，老百姓特别渴望文艺走入民间。哪里有观众需要，文艺工作就开展到哪里。浙江婺剧团每年的500多场演出中，过半数都是下基层演的。婺剧把戏演到人民中去，人民也赋予了婺剧新的生命。正因为不断地在基层舞台上历练，婺剧才能够人才辈出，创排了一批紧扣基层文化需要的新剧目。5 上春晚，是市场和观众最大的认可，在这背后就是精神富足的答案——从人民中来，到人民中去。

第二个答案：15，答卷人是全国人大代表俞学文。15 年来，他常年奔走在乡村、基层一线调研，先后提交了 200 多份涉及"三农"问题的议案建议，把一线农民的诉求带进全国两会。俞学文是农民兄弟的代言人，更是乡村振兴的带头人。他建设了 5G 智慧茶园，发展现代化茶产业，带动 10 万农民致富增收。2020 年，新冠肺炎疫情的突然暴发导致茶叶价格断崖式下跌，他又连续 40 天用高于市场价一倍的价格收购茶青，稳定了茶农收入。他始终把农民兄弟的利益摆在第一位，也正因为这份情义，他深受人民信赖，连任了三届全国人大代表。俞学文用 15 年履职给出了物质富有的答案——脚下沾着泥土，心中装着百姓。

第三个答案：30，答卷人是金华市人大代表吕月眉。30 年里，吕月眉始终坚守在纠纷化解第一线。这 30 年，她遇到过各种各样的"骨头案"，光让双方坐下来好好说话，就要动上一番脑筋。而她总是擅长打开当事人内心的纠结，五六十岁的大老爷们儿，吕月眉聊哭过好几个。在她看来，调解要看到纠纷以外的事情，对当事人的关心不能止于案件办结。矛盾发生在家人间，她就努力修补双方情感的裂痕；当事人身有残疾，她就教他们申请应得的社会保障；"人大代表"这个身份给她带来了社会影响力，她就用这份影响力为当事人找出路。谈及调解 30 年的秘诀，吕月眉说，最重要的就是将心比心。吕月眉用 30 年坚守给出了社会和谐的答案——想群众之所想，把群众当亲人。

三位代表的故事，只是众多共富故事的缩影。在他们的故事中，有一个共同的关键词：人民。为人民谋幸福，是一代代共产党人的初心，如今，时代的接力棒已经交到了我们手中。

在共同富裕的考卷上，我们既要答好精神富足、物质富有、社会和谐的考题，更要握紧接力棒，把人民放心上，只有这样，才能交出一张满分的答卷。

党员同志们，让我们共同投身这场时代大考，用一个个人的点滴奋斗凝聚共同富裕的百分幸福，用一代代人的接力传承续写新时代赶考的满分答卷。

宣讲感言：理论宣讲，既要用动人的故事感动人，更要用平实的道理说服人。我认为，好的理论宣讲要处理好三对"大和小"的关系：要讲好大时代的小故事，找准共同富裕示范区建设大场景的小切口，讲好身边人、身边事；要展现小人物的大情怀，讲深讲透每一个故事背后展现的精神、蕴含的道理，进一步转化为鼓舞全体听众砥砺奋进的精神力量；要提炼小切口的大道理，好的宣讲既要接地气，也要有高站位、大格局，在用平实、朴素的语言讲好故事、阐明道理的同时，要提炼好故事的共性要素，突出理论味、思想味，发挥引发思考、启迪人心、武装头脑的作用。

>>>　横店影视城

20.为共同富裕注入青春活力

东阳市融媒体中心　刘晶君

20世纪70年代的横店，还是坑洼的道路、破旧的房屋。相信大家很难把这样的景象和"东方好莱坞"横店联系在一起——曾经的横店只是一个人均年收入仅有75元的贫困山村。

我们不禁要问，是什么让昔日名不见经传的贫困小山村摇身一变成为今日享誉中外的"东方好莱坞"呢？这就是共同富裕带来的神奇蝶变。

"只有将蛋糕做大，才能分给更多的人。"共同富裕，就是先富带后富，消除贫穷。

1975年，横店人民迈出了改变命运的第一步——创办缫丝厂。万事开头难，创业之初，困难重重，举步维艰，勤劳坚韧的横店人民咬牙坚持，一步一个脚印，渡过一个又一个难关。最终，皇天不负苦心人，横店人民迎来了守得云开见月明、柳暗花明又一村的美好前景，针织厂、时装厂、磁性材料厂、电子工业厂、医药制造厂……越来越多的企业茁壮成长、发展壮大。仅仅过了12年，横店就成为浙中地区第一个"亿元镇"，被称为"江南药都""中国磁都"。1995年，横店与谢晋导演的《鸦片战争》结缘，横店集团顶着各方压力，坚守"多办企业多赚钱，多为百姓办好事""只有将蛋糕做大，才能分给更多的人"的初心，践行"做文化产业，横店集团赚 1 块钱，周边老百姓就可以赚 5 块钱"的"共创共有共富共享"理念，毅然开始发展文化产业，横店镇第一个影视拍摄基地——广州街应运而生。随后，秦王宫、清明上河图等 30 多个大型实景拍摄基地和 100 多座专业摄影棚，如雨后春笋般陆续在横店破土而出。大量的游客和剧组的涌入，直接推动了旅游业、餐饮业、酒店住宿业等一系列相关行业的高速发展，人人都能从中获利。继"江南药都""中国磁都"之后，横店又被冠以"东方好莱坞""影视之都"的美名。

"一人富不算富，大家富才算富。"共同富裕，归根结底就是让全体中国人民都过上好日子。

中国十大名村之一的花园村，朝着"努力建成一个共同富裕的大花园"的共同愿景，深刻践行"一人富不算富，大家富才算富；一家富不算富，家家富才算富"的共富理念，通过两次"一并九"行政区划调整，将村区域面积由 0.99 平方公里扩大到 12 平方公里，常住人口超 6.5 万人。在实现资源整合的基础上，花园村与时俱进，走出了一条以工业经济为主，特色产业为辅，乡村旅游、商贸服务等第三产业繁荣发展的致富之路，花园村村民年人均收入从 1978 年的 87 元攀升至 2020 年的 14.2 万元。

横店、花园，可以说是东阳"共同富裕"奋进路上极具标志性的缩影。2021 年，东阳被列入全省高质量发展建设共同富裕示范区首批试点县市，承载了为全省乃至全国推动共同富裕提供范例的先行先试使命，全市上下正以干在实处、走在前列、勇立潮头的奋进姿态，向着共同富裕美好生活加速奔跑。

作为新闻战线上的一名热血青年，在全市共同富裕新征程上，贡献青春力量，我们责无旁贷。

共同富裕，需要我们握紧"笔杆"，用文字阐释宣传好"共同富裕"

的深刻内涵和重大意义，让群众真真切切知其意、明其理。用文字记录好我们在推进共同富裕进程中的探索和实践，传播先进经验，讲好共富故事。

共同富裕，需要我们把牢"镜头"。从城市到乡村，从企业车间到田间地头，善于发现幸福的瞬间，善于发现身边的典型，用镜头记录岁月变迁，留住美好时光，传递新时代共富温度。

习近平总书记曾引用曾子的话寄语青年："士不可以不弘毅，任重而道远。"国家的前途、民族的命运、人民的幸福，是当代中国青年必须和必将承担的重任。一代青年有一代青年的历史际遇。我们必将在"大干快上，奋进赶超"的时代召唤下，用脚步丈量大地、用镜头聚焦美好，当好东阳共同富裕的参与者、记录者和贡献者，让共富故事精彩生动，让共富乐章盈盈悦耳。

宣讲感言：共同富裕，是新时代中国特色社会主义发展的新使命，是全体人民群众共同的期盼。在共同富裕的征途上，浙江的一座小县城——东阳，在"七山二水一分田"先天资源不足的条件下，自力更生、艰苦奋斗，走出了一条富裕之路。横空出世，店乃一城，被誉为"东方好莱坞"的中国横店，坚守"只有将蛋糕做大，才能分给更多的人"的初心，实现了共同富裕的神奇蝶变；中国十大名村——花园村，秉持"一人富不算富，大家富才算富"的理念，带领全村人民朝着"努力建成一个共同富裕的大花园"的共同愿景，大步向前。

青春之我，能生活在这样一座城市，深感幸运。在新时代共同富裕新征程上，我将以青春之我，贡献青春之力量，为青春之画增色添彩。

>>> 中欧班列"永康号"搭建起永康人民走向共同富裕的物流大通道

21.大道为公，心路为民

金华市交投公交快速公交有限公司　单晨欢

相信大家平时都坐过公交车，公交的优点之一就是便宜，一张车票的价格只相当于一个菜包的价格。很多人都有这样的疑问，便宜又不赚钱的公交车照样在开，这是为什么呢？

我先给大家讲个故事吧。地处金华南山深处有个周辽村，距离金华城区40多公里，是个只有180多人的小山村。在外人看来，这里绿水青山、云雾缭绕，世外桃源一般，可村民们发愁的是出行难、出行贵、出行不安全。山下最近的东山公交站，距村口超过3公里，村民出一趟门，下山上山要来回步行约7公里。没有公交车，村里有些上了年纪的老人甚至连金华市区都没去过。对村里的老年人来说，抬脚就能坐上公交是他们盼了一辈子的事。

交通，成了这里走向共同富裕的最大阻碍。共同富裕，不只意味着"口袋里有钱"，还要让更多百姓享受到均衡的社会公共服务。推进城乡共富，没有可靠的交通流，就没有人流、物流、信息流，就会挡住共富路。推进城乡共富，没有公交先行，就没有真正的城乡公共服务均等化，就会动摇共富心。

路通、车通，民心才通！这条村村通公交线路，成了周辽村百姓最大的"心病"，也是百姓验证党和政府的一条"心路"。2021年4月，金华公交开通了619路支线，每天专门派车从东山村绕到周辽村。沿途的路，都是盘山公路，开这趟线就像是从一座山头开往另一座山头，说它是山路十八弯一点都不夸张。

但化山路为通途，又谈何容易。短短7公里，看似简单的一绕，金华公交每月要增加5300元营运成本，司乘人员增加45个小时工作量。类似的村村通线路我们还有100多条，抬脚上车，享受便利，梦想成真了！

"共同富裕路上，一个也不能掉队。"这是中国共产党对全体人民的铮铮誓言，也是金华国企对全市百姓的庄严承诺。事关民心民意，再难也要迈过这道坎！多算民生大账，少算经济小账。只有我们国企能！更有我们交投行！因为老百姓的幸福就是共产党的事业。

要破解区域差、城乡差和收入差，我们把群众追求共富的心路，从公路延伸到了铁路，从城乡到城际，从东部到西部。

2021年，继"永康号"国际班列发车后，我们量身定制了"武义号"国际班列，帮助21家武义企业出口产品搭上了"一带一路"快车走出国门，成为贫困山区县外向经济的交通动脉。2022年，"疆货东输、浙产西进"成为现实，满载46节车厢的优质新疆棉由我们组织的援疆班列顺利抵达金华，销往全国各地。这些路成为各地百姓同走共富路的物流大通道，也是金华交投人再续"山海情"的心路。

说到这，我想大家心中都有了答案。

共同富裕是中国特色社会主义的根本原则，共同富裕美好社会是一种更高级的社会形态，蕴含其中的正是中国共产党对人民敢承诺、能践诺的使命担当。而浙江作为全国共同富裕先行示范区，更是义不容辞。喜迎二十大，奋进共富路，我们要当好共同富裕的最佳服务员，让出行路成为联通百姓的心路，让"党旗红"成为共同富裕路上最靓丽的底色！

宣讲感言：共同富裕，不只意味着"口袋里有钱"，还要让更多百姓享受到均衡的社会公共服务。金华市交投集团践行着金华国企对全市百姓"共同富裕路上，一个也不能掉队"的庄严承诺，把群众追求共富的心路，从公路延伸到了铁路，从城乡到城际，从东部到西部。当好共同富裕的最佳服务员，将这些路打造成为各地百姓同走共富路的物流大通道，道出了金华交投人再续"山海情"的心路。

>>> 早春开茶节畲族采茶女采摘新绿

22.共富路上那一抹茶香

共青团武义县委　徐　聪

　　一声"开茶"醒春山，2022年3月，武义首次举办"武阳春雨"开茶节。采茶女们忙着采摘新绿，制茶大师们忙着手工炒制，现场飘出阵阵茶香。

　　茶香的馥郁，得益于武义的山灵水秀。"八山半水分半田"的特殊地理优势为武义茶树的生长提供了得天独厚的条件，也为武义人的财富提供了基石。早在唐朝，武义就是浙江著名茶乡，勤劳的武义人借着茶香，以艰苦卓绝的姿态走出一条商路，以柔嫩的绿叶牵系了几代人的激情与梦想。而现在，新一代武义人在前人的足迹上，传承茶文化，发展茶产业，奋力投身共同富裕！

　　一代制茶大师祝凌平就是这样一位共富路上的拓荒者。20世纪90年代初，茶叶作为武义农业的支柱产业却没有研制出名优茶，导致茶叶价格低廉也无人问津。名茶被人高价追捧，而茶农呕心沥血种植出来的茶叶却饱受冷遇，这让他们既心疼又无助，却也无可奈何。直到祝凌平的出现，才让武义茶扭转了局面。年轻的祝凌平，带着毕生所学，带着对这片土地的热爱，毅然决然地投身名优茶研发，他深知，要想在这日新月异的时代站稳脚跟，必须推陈出新！祝凌平花费数年，精心选种、培育，夜以继日地研究，功夫不负有心人，终于成功将传统工艺与现代工艺相结合，研制出了一款松针形绿茶。经专家鉴定，该茶色、香、味、形均已达到省级名茶水平。

研发突破难不难？当然难！资金投入少，权责关系不明，种植技术落后，产品拓销困难，付出和回报差额巨大，投产4年销售额仅10多万元。为了打破这些壁垒，祝凌平亲自到产茶村做培训；没有销路就上电视做宣传、赚吆喝；名气不够就广邀各地文人举办茶诗会……这款被祝凌平取名为"武阳春雨"的茗茶，终于打开了我县名茶市场大门，一时间，众多茶叶品牌如雨后春笋纷纷出现。

"一场春雨后，云雾遍山乡。多少品茶客，开怀话武阳。"在祝凌平及全县6万茶农的共同努力下，"武阳春雨"销售额连年翻番。武义茶产业犹如插上了翅膀，品质稳步提升，产品不断创新，经济效益飞速增长。2001年，武义获评中国有机茶之乡。2021年，全县茶叶产值12.03亿元，茶农人均年收入突破2万元。如今，"武阳春雨"声名远扬，悠悠茶香令无数茶客魂牵梦萦。

我们敬佩祝凌平这种共富路上的"孤勇者"，不仅因为他拼搏进取，奋斗的脚步从未停歇；更因为他推陈出新，勇担社会责任，把当地6万茶农带上了增收致富的康庄大道……

共同富裕，从来不是一个人的战斗！也不仅仅是物质生活上的富裕。我们需要在摸爬滚打中累积经验，只要有少数人成功了，必然能带领更多的人达到物质生活和精神生活的全面富裕。习近平总书记曾说："征途漫漫，惟有奋斗。"共同富裕终将变成现实，我们要凭借勤劳的双手致富，用奋斗的汗水浇灌幸福生活，让我们用点滴进步助力共同富裕，以优异成绩喜迎党的二十大召开！

宣讲感言： 儿时，每到草长莺飞的日子，父母总是背着茶篓奔波于自家茶山，而我只要一有空就喜欢跟在他们身后，从不懂事只顾嬉笑玩闹到长大后帮着父母采摘新绿，一片片嫩绿芽叶直到现在也总能勾起我的回忆。如果说，记忆中的茶叶于我是抹不去的情怀，那成年后的茶叶于我则更多的是沉甸甸的自豪与鞭策。家乡武义是著名的"中国有机茶之乡"，正是这一片片叶子托起了家乡十亿产业，带领万千茶农走上了增收致富的康庄大道。作为基层宣讲员，我将永葆初心，讲好共富路上的茶香故事，激励更多新时代青年投身乡村振兴，为争当高质量发展山区县排头兵贡献智慧和力量！

>>> 常山两山银行

23.赶考共富路，"一切为了U"

衢州市财政局　陈聪聪

作为半个常山人，很高兴今天能跟大家聊一聊常山的共富故事。

在2022年2月召开的全省高质量发展建设共同富裕示范区推进大会上，常山作为典型发言，向全省报告、展示"两山银行"的"共富"实践。

如果说山高路远、交通不便、产业受限，是常山作为山区县的短处，那么山清水秀、人文独特，恰恰是其实现长远发展、绿色发展可以依靠的长处。"一切为了U"是常山在赶考共富路上确定的城市品牌。这个"U"代表"胡柚""香柚""茶油""旅游"和"你"。

"要致富，先砍树；要致富，就挖山。"曾几何时，这样的顺口溜，就是常山这类山区县经济发展的真实写照。如今，当地打造以"两柚一茶"为重点的富民产业，大力发展恒寿堂、艾佳果蔬等龙头企业，研制双柚汁等深加工特色产品。胡柚汁和香柚汁的"双柚合璧"产品一经推出，市场销售火爆，每个月都能卖出10万箱。而就在前几年，胡柚这种具有清肺止咳、化痰去火功效的凉性水果，还在为销售犯难，价格逐年走低，甚至出现无人问津的困境。胡柚这场翻身仗的背后，是政府帮扶政策的出台和我们财政人的努力。

山区不是我们的包袱，而是发展的希望所在。2017 年，常山县被列为省"两山"建设财政专项激励资金分配对象。当地以此为契机，从占全县财政、税收收入"半壁江山"的钙产业入手，深化"蓝天三衢"生态治理工程，安排 1 亿多元资金用于关停落后钙业企业和环境整治。昔日矿山摇身变公园，独特的景色引得全国各地游客前来打卡。功夫不负有心人，目前常山空气质量优良天数达 96%，出境水质居钱塘江流域第一。

打铁必须自身硬，幸福不能等、靠、要。如何让"守着金饭碗讨饭吃"这一现象发生根本改变？如何让百姓共享"绿水青山就是金山银山"生态红利？"两山银行"由此应运而生，引社会资本入村。过去农民闲置荒山，现在荒山成为双柚种植基地。两山银行一手连线农民百姓，一手牵线资本市场，实现由资源变资产、资产变资本、资本变资金的转变。

为了让企业真正招得来、留得住，发展得好，当地在"留商"上下功夫。考虑到柚香谷品牌的香柚树生长周期长，种植前五年几乎没有任何收益，资金周转成为企业发展的一大难题，为此当地确立"两山基金""胡柚贷"等企业扶持政策，以 2000 多万元收购该公司 30 万株香柚树，先返租再回购，为企业送上"及时雨"的同时，也为企业发展注入了资金活水。对于积极助力常山胡柚产业发展的企业，如艾佳果蔬，财政部门还为其争取到中央专项资金 1000 多万元，成为企业做大做强的坚实后盾。

从卖矿石到卖风景，从靠山吃山到养山富山，常山以自身的发展实践，生动诠释了"绿水青山就是金山银山"这一理念，走出了一条绿色发展、生态富民的跨越式高质量发展之路。

"生态富"才能"共同富"。习近平总书记指出："共同富裕是社会主义的本质要求，是人民群众的共同期盼。我们推动经济社会发展，归根结底是要实现全体人民共同富裕。"①

衢州牢记习近平总书记的殷殷嘱托，深入践行"两山"理念，持续擦亮大花园核心区金名片，全力打造四省边际共同富裕示范区，把生态优势转化为竞争力和生产力，让生态富、共同富的种子在衢州落地生根、开花结果。

宣讲感言：我是市财政局的一名基层干部，两年前我加入市局8090新时代理论宣讲团。作为基层干部，我爱岗敬业，认真对待工作，一直保持热情，并不断学习、积极作为，将理论与实践相结合，把知识真正运用到工作中。

参加宣讲最大的感受就是：8090宣讲团为我们青年学理论、讲理论，提供了一个很好的平台。通过这个平台，我们补足精神之钙，投身火热实践，让党的创新理论焕发持续而强大的生命力，并转化为推动经济社会发展的强大力量。同时，宣讲也增进了自己对党的创新理论知识的理解，以及对基层和群众的了解，磨炼了自己做好群众工作的本领。

未来，我将继续当好共富文化的宣讲员，积极履行社会责任，提高宣讲水平，影响带动身边更多人为共富征程添砖加瓦。

---

① 引自《习近平关于〈中共中央关于制定国民经济和社会发展第十四个五年规划和2035 年远景目标的建议〉的说明》一文。

>>> 浙江时代锂电材料国际产业园在衢州开工

24.跨过山，是美好的未来

衢州市8090新时代理论宣讲团　陈逸翔

浙江素有"七山一水二分田"之称，这七分的"山"面积广袤，但长期以来都是浙江发展的"后进生"。浙江要实现共同富裕，这七分的"山"再高再远也必须跨越，而山区26县要走好"赶考"之路，也必须找到适合自己的路子。今天，我就来聊聊咱们山区人民"翻山越岭"的那些事儿。

靠"山"吃山

在常山县，这两年有一家银行火了，说是银行，大家来这儿存的却不是钱，而是"绿水青山"。两年前，青石镇的江阿姨就将家里的30亩果园存了进去，什么都不用干，每年就有五千多元的"利息"，简直就是躺着也能赚钱。

这个能点"绿"成金的地方，叫作"两山银行"。这家银行把闲置的生态资源收储起来，经过统一的开发运营后进行分红。一棵树、一个水塘、一片荒地，都可以拿来入股，实现了"山水林田皆资本，绿水青山亦投资"。"两山银行"成立以来，衢州累计整合291种生态资源，带动村集体和农

民增收 1.4 亿元。一颗小小的胡柚，成了强村富民的"共富果"。

俗话说，靠山吃山，靠水吃水。"两山银行"、"碳账户"、"GEP"核算标准……通过给绿水青山"明码标价"，生态资源有了变现的方式，老百姓的"钱袋子"也越来越鼓，这背后，蕴藏着改革这"关键一招"释放出的满满活力。

如今，绿色成为山区发展最动人的色彩，存入家门口的"绿水青山"，就能取出源源不断的"金山银山"。这也是浙江作为全国首个生态省的潜力所在：大山既是"好看的皮囊"，也是沉睡的财富，人不负青山，青山就一定会回馈你。

"山"呼海应

在浙江，有一条显示区域发展差异的"清大线"，将山与海一分为二。要实现共同富裕，欠发达地区不能掉队，如何缩小"清大线"两侧的地区差距，实现区域的协调发展？ 20 年前，时任浙江省委书记习近平同志，将目光放在了一本《山海经》上。

2003 年 12 月，在衢州举行的现场会上，习近平同志对山海协作做出了深刻的界定：它不是一般意义上的扶贫，而是"促进共同富裕，实现人民群众根本利益的重要举措"——山海本就是一家人，既然异地分居，那就来一场山与海的双向奔赴。

作为"中国木门之都"，全国约有 1/5 的木门产自江山。最近，江山木门与 300 公里外的柯桥墙布对上了眼，两个产业在山海协作产业园里强强联手，通过"1+1>2"的融合升级，共同开启了新世界的大"门"。

共同富裕，关键在"共同"二字。山与海的这场"热恋"，正是浙江为解决发展不平衡不充分问题而交出的答卷。同时，借一片飞地，山区也有了走出大山、拥抱世界的机会。青山锁门，锁不住的是山外的"星辰大海"。

这份跨越 20 年的"山海情"，既是先富带后富的共富之路，也是山区通江达海的开放大道。

登"山"望海

共同富裕离不开产业支撑，山区要实现逆袭，不能只靠输血，关键还要学会自己造血。2021 年，一条新闻让我激动万分：浙江时代锂电产业园在衢州正式开工。让我来说道说道这背后的故事。

首先，这个项目用 5 天完成注册、7 天完成土方平整，从签约到开工只用了 60 天，这充分说明了衢州的态度与速度，体现了山区人民的如火热情。

其次，这是衢州历史上单体投资最大的项目，近 500 亿元的真金白银，放在以前可望不可即，但自 2021 年以来，衢州就引进了 4 个百亿级的大项目，这给了我们追赶跨越的满满自信。

最后，作为新兴产业，这个项目未来有望占据全球锂电行业的"C"位，现在，越来越多这样"高大上"的先进产业选择落户大山，说明山窝窝里也一样能飞出"金凤凰"。

立足"一县一策"，培育特色产业，360 家"专精特新"中小企业在山区 26 县遍地开花，一批百亿规模的主导产业也在加速生长。有了产业的"硬核"支撑，"扩中""提低"就有了扎实的基本盘，山区也能看到绿色崛起的大梦想。

以前，我们总会将大山当成阻碍致富的屏障，常常趴在窗口，憧憬着山那边的"诗与远方"。"山区不是我们的包袱，而是发展的希望所在。"其实，差距就是潜力，只要把山当作希望，山水间就都是幸福的未来。

宣讲感言： 作为一名土生土长的衢州人，从小我就对大山充满了感情，好山好水既是山区的颜值担当，又常常是"欠发达"的代名词。袁家军书记指出，山区26县能否实现跨越式高质量发展、能否取得标志性成果，事关现代化先行和共同富裕示范区建设全局。因此，我选择了山区26县的跨越式高质量发展作为宣讲主题，通过学习和宣讲，我也深切地感受到，山区26县要紧跟共同富裕不掉队，必须找到适合自己的"船"和"桥"，其中发展的落脚点，是缩小"三大差距"，而关键的路子，就蕴藏在绿水青山之中。"山区不是我们的包袱，而是发展的希望所在。"差距就是潜力，落差形成势能，只要把山当作希望，山水间就都是通往共同富裕的大道。

>>> 以"衢州有礼"诗画风光带让百姓脑袋富起来

25. "富口袋"也要"富脑袋"

国家税务总局衢州市税务局 李 昱

2022年4月10日,衢州市第八次党代会胜利闭幕,市委、市政府对过去5年交出了满意的"成绩单"。其中有一组数据令人振奋:全市GDP从1230亿提升至1876亿,人均GDP突破1万美元,固定资产投资年均增长9%,城乡居民人均可支配收入年均分别增长8.6%和9.7%。

宏观数字折射生活,数字的增长是脱贫攻坚战的显著成效,是基本医疗和公共卫生服务水平的整体提升,也是百姓最低生活保障,实现了城乡同标。我们明显能感觉到衢州的综合实力、区域发展、百姓生活实现了大幅跃升。福利看得见,口袋鼓起来,"共同富裕"渐渐成为人们口中津津乐道的词汇。

但大家是否意识到,衢州人民不仅仅"口袋"富裕了,"脑袋"也跟着富有起来了。

"衢州历史悠久,是南孔圣地,孔子文化值得很好挖掘、大力弘扬,这一子要重重落下去。"2005年至今,衢州持续推动南孔文化创造性转化、创新性发展,深入挖掘其丰富内涵,向世人展现了对历史有礼、对自然有礼、对社会有礼、对未来有礼的内涵，让南孔文化在衢州"重重落地"。

——在城区，老旧小区先后进行改造提升，破损的路面修补了、缺损的设施添齐了、荒置的空地绿化了；市民出行便利了，通过新增停车位、改造公交车站点、新开公交线路等，城市道路更通畅、市民出行更便利；文明行为自觉了，"礼让斑马线"走进每一个市民内心，"见天才抽烟、烟头不落地"成了一种自觉，坚守"一米线"有序排队成了习惯；志愿服务温暖了，风雨中、烈日下、疫情防控期间，随处可见那一抹流动的"志愿红"。

——在乡村，"绿水青山就是金山银山"的科学论断正在不断被实践。全长 280 公里的"衢州有礼"诗画风光带串珠成线、以文赋能，"自然味、农业味、乡村味"成为衢州推进全域旅游的重要抓手；"联盟花园"跨界联通，成为长三角一体化战略的延伸，切实推动生态富民、生态惠民。

——望发展，古城衢州有着面向未来的"现代"一面。未来社区、未来乡村正在以人本化、生态化、数字化为价值导向推进建设，"白墙黛瓦""前坊""望楼"等本土元素依旧保留韵味，一体化阳光农场、主题民宿等场景，推动农文旅产业蓬勃发展。

人人讲礼，处处见礼。"做文明有礼衢州人"成为 257 万衢州人共识，"一座最有礼的城市"成为衢州最鲜明的个性标识。

衢州，正以现实生动说明，共同富裕不仅需要物质富裕，更意味着精神富有，两者相辅相成、缺一不可。

习近平总书记强调："只有物质文明建设和精神文明建设都搞好，国家物质力量和精神力量都增强，全国各族人民物质生活和精神生活都改善，中国特色社会主义事业才能顺利向前推进。"[1]

---

① 引自《习近平谈建设社会主义文化强国》一文。

"脑袋不富"，眼里更多的是"柴米油盐"，"脑袋富了"，心中就能装着"诗和远方"，"脑袋""口袋"都富了才能有真正的获得感、幸福感、安全感。物质富裕是精神富足的基础，能够为精神文明建设提供物质条件；反过来看，更高水平的精神文明建设，可以为物质文明建设提供精神动力。

文化是城市的根和魂，蕴含着强大的精神力量。市第八次党代会明确今后五年的工作要求，其中将"着力打造文化文明双高地，加快提升区域软实力"作为重要一条。展望未来，衢州将扎实推进打造精神文明高地试点，加快建设"五区一市"，在共同富裕中实现精神富有，在现代化先行中实现文化先行。

蓝图已绘就，奋斗正当时。我们要以昂扬姿态聚能"衢州之进"，把"衢州有礼"打造成为"浙江有礼"的示范标杆，让百姓的口袋、脑袋同步"富"起来，以人民的自信自强引领衢州迈向更加美好的未来。

宣讲感言： 青年一代有理想、有本领、有担当，是孜孜不倦的学习者，更是创新理论的传播人。作为税务系统一名8090新时代的理论宣讲团成员，我们用小切口、身边事呈现大主题、大道理，我们既是新思想新理念的"忠实粉丝"，又是推动党的创新理论"飞入寻常百姓家"的"优秀讲师"，我们正在用信仰的故事回应"时代之问"和"历史之问"。站在"两个一百年"奋斗目标的历史交汇点上，我们将不断宣讲好新时代、新思想、新成就，宣讲好中国故事、浙江故事、身边故事，站在打造共同富裕示范区的新起点上，我们继续意气风发、阔步前行。

>>> "山呼海应,携手共富"

26.从"先富"到"共富"有多远

衢州市8090新时代理论宣讲团　赵　越

1985 年，邓小平在与美国时代公司的交流中，第一次提出"让一部分人先富起来，先富带动后富，最终实现共同富裕"的观点。如今"先富"的地区、"先富"的人已经不少，那"先富"到"共富"有多远？我努力从自己的生活中去寻找答案。

从先富到共富有多远？我的答案是：10000 里。

有首歌的名字叫《我在乌什有亲戚》，唱的是浙江衢州对口支援新疆乌什的故事。而说起来，我在乌什还真的有亲戚，她叫古丽逊。五年前，我因为文化交流来到新疆乌什，在一次交流活动上，古丽逊作为接受捐赠的当地学生之一，特意送给我一顶新疆帽。从此，我们结下了特殊的友谊，经常有联系："赵越哥哥，我们的新校区建好了，课桌板凳全是新的……""赵越哥哥，我阿达（兄弟）、阿囊（妈妈）在开发区里找了份工作，学费不用愁了……""赵越哥哥，等我长大了，也要去帮助更多的人……"

在结对的这些年里，衢州援疆人帮助当地建起一座座学校、厂房，助力 2 万多人脱贫；厚重的南孔文化和独特的乌什风情交汇交融；各领域的专业人才走进乌什,在"传帮带"中留下一支"带不走的队伍"。

10000 里,是从南孔圣地到天山南麓的距离,见证的正是"共富路上一个都不能少"的庄严承诺。

从先富到共富有多远?我的答案是:1000 里。

"我有一片茶园,种在龙游罗家",清明刚过,远在镇海的朋友就喝上了地道的龙游黄茶,而这茶叶就来自我的联系村——罗家乡席家村。2022 年席家村开启了黄茶认养新模式,通过"山海协作"的结对认养,镇海的朋友可以收获自己茶园出产的优质黄茶,本地村民则通过茶园管理维护、茶叶采摘实现人均增收 1.2 万元。2022 年是龙游与镇海结对的 10 周年,10 年来,龙游发生了很多变化,开发区山海协作产业园的项目总投资超过了 308 亿;两地共建了花菇、柑橘等农特产品培育基地,实现了长在龙游,卖在镇海,帮助 111 个村实现经济增收。

2003 年,时任浙江省委书记习近平在衢州召开的"山海协作工程汇报会"上指出,实施"山海协作工程"是促进共同富裕,实现人民群众根本利益的重要举措。1000 里,是从"海天雄镇"到"姑蔑大地"的距离,见证的正是对"山海协作"海誓山盟的坚定守护。

从先富到共富有多远?我的答案是:20 里。

我老丈人是一个普通的农民,住在离县城 20 里的乡下。上个月他兴奋地告诉我一个好消息,县里推出了"小县大城·共同富裕"农民集聚转化政策。他只要将村里的宅基地复垦成耕地,就可以在城区以 3400 元 / 平方米的成本价购买一套 120 平的商品房,相当于增加了 70 万元的固定资产,而且还能到开发区企业上班,在家门口就业创收。短短一个月,全县就有 5000 多户争相报名。

这样一项惠及农村的"共富"举措,背后是时任浙江省委书记习近平考察龙游时的殷殷嘱托:"农村致富的路子,还是要靠减少农民。"20 里,见证的正是缩小城乡差距，实现融合发展的共富初心。

这些都是真实发生在我生活中的点滴瞬间，没有惊心动魄、没有催人泪下，但我认为实现"共富"梦想，需要的正是最朴实最坚定的脚步。无论是跨越万里的"对口支援"，千里奔赴的"山海协作"，还是就在身边的"小县大城"，都是中国共产党实现共同富裕的庄严承诺，使命必达。而我们需要做的，就是跟随祖国"共富"的大势，一起跨越这段从梦想到现实的距离。从先富到共富有多远？答案其实就在我们的心里，让我们人人逐梦，个个奋起！

宣讲感言：从"先富"到"共富"有多远？我努力从自己的生活中去寻找答案。10000里，是从南孔圣地到天山南麓的距离，结对帮扶见证的正是"共富路上一个不能掉队"的庄严承诺。1000里，是从"海天雄镇"镇海到"姑蔑大地"龙游的距离，见证的正是"山海协作"的坚定守护。20里，是从乡下到城市的距离，见证以农村集聚转化缩小差距，实现城乡融合发展，逐步走向共同富裕。

>>>　税干联税企　筑梦共富路

27.乘税风"走出"共富路

衢州市8090新时代理论宣讲团　毛子红

共同富裕是我党百年以来矢志不渝的奋斗目标。当前的浙江，正在高质量发展建设共同富裕示范区，努力成为推动全国共同富裕的省域范例。面对新使命，作为浙江大西门的衢州该如何找好方向，走好新时代的"共富"赶考路呢？其实答案在 2002 年就已经产生了。2002 年 12 月，时任浙江省委书记习近平同志第一次来衢州调研，就明确指出："工业化是现代化进程中不可逾越的发展阶段，加快工业化步伐是欠发达地区的必然选择，无论是当前，还是今后的每一个时期，衢州必须加快工业化步伐，走新型工业化之路，实现跨越式发展。"

牢记嘱托，砥砺前行。过去的 20 年，衢州通过不断产业创新、动能培育，使得综合实力迈上新台阶，用一组组工业增长值回应着习近平总书记的关切，一步步答好属于衢州的共富答卷。

光伏产业作为近年来衢州工业发展着力点之一，更实现了从光伏屋顶到光伏电站，再到光伏产业园的"广覆盖"，工业强市的"绿色路径"更加清晰，发展的高质量更加凸显。

今天就让我们走近衢州光伏产业，去寻找"浙"里的共富答案。

浙江隆基乐叶光伏有限公司，坐落于衢江产业园区。五年之前，乐叶光伏还是以简单的单晶体硅电池片加工为主营业务，通过企业不断地推陈出新、产业升级，现如今乐叶光伏已形成了从硅粉到光伏发电系统一条较为完善的产业链，能够承接更多智能化终端产品的光伏组件的生产。乐叶光伏连续两年取得单晶体组件出货量全球第一的傲人佳绩，使得企业逐渐成为光伏制造业的领军企业。

企业高质量发展的背后，是衢州税务的一路相伴。在企业转型升级过程中，为了帮助企业用足用好政策、尽快完成产能升级，税务部门成立产业服务团，主动上门服务，帮助企业解决实操中的困难，运用税收大数据助力企业完成转型升级。受新冠肺炎疫情影响，乐叶光伏出口订单严重缩水，税务部门依托"征纳沟通平台"积极报送产业链相关供求数据，缓解企业出口压力，并通过税务大数据，锁定符合企业的出口退税政策，精准推送税费政策，助力企业复工复产。

无独有偶，同样受到税务部门专项服务的还有衢州纤纳新能源科技有限公司。自 2020 年纤纳在衢州建设了全球首个钙钛矿电池生产基地以来，税务部门不断探索帮助企业增产致富的发展之路，通过"线上解答＋入企帮扶"回应初创企业的各种涉税诉求，多次就增值税留抵退税、研发费用加计抵减扣除等政策开展上门辅导，既保障政策应享尽享，又有效防范了涉税风险。据了解，2021 年制造业研发费用由 75% 提升至 100% 后，纤纳研发费用加计扣除已享受到 645 万元的政策红利。

有了政策的加持，企业加大研发资金投入，进一步加强技术革新，实现了钙钛组件产能的新突破。成立至今，纤纳光伏在全球累计申报了 200 多项知识产权专利，六次刷新了钙钛矿组件光电转换效率的世界纪录。

共同富裕的道路上"一个也不能少"。虽然光伏产业只是工业、制造业中的一小部分，但在前不久落幕的市第八次党代会上，衢州未来五年的发展蓝图令人振奋，其中"奏响工业强市主旋律，加快产业高质量发展"的号角正在耳边吹响，坚持"工业强市、产业兴市"不动摇的政策正在为实现共同富裕注入最大增量。

想要交上一份满意的共富答卷，我们税务干部要与企业携手、同心，讲好税收优惠政策、做好纳税服务，向着助力企业高质量发展的目标飞奔。

急起直追，未来可期。税务干部在行动，工业崛起进行中，共同富裕在路上。

宣讲感言： 在浙江高质量发展建设共同富裕示范区的时代背景下，作为一名8090新时代理论宣讲团成员，讲好共同富裕的税收故事，成为我的重要任务，也是我一直追求的目标。近些年来，税务部门聚焦涉税需求，举办了一系列宣讲活动。作为宣讲团一员，在税务前辈带领下，我们走进企业车间，走到田间地头，问需所计，为企业解答涉税疑惑，开展精准辅导。税务青年们发挥业务特长，通过网络直播、征纳沟通平台等多途径在线解答疑惑，及时将新的组合式税费优惠政策推送至纳税人，促进市场主体红利应享尽享。今后，我也将以时不我待的紧迫感和使命感，深入学习习近平新时代中国特色社会主义思想，要立足于岗位实际，从思想上看齐，争做实践示范，用更加扎实的专业知识武装自己，不断提高综合素质、专业能力和工作水平，讲好税收优惠政策，为共同富裕建设贡献税务青春力量。

>>> 中国村歌发祥地江山市大陈村

28.幸福乡村的声音

衢州市8090新时代理论宣讲团　周巾莉

"妈妈的慈爱，游子的祝愿，浓缩进芳香可口的大陈面，无论我们走得多么远，故乡永远在我们的心间……"

这首歌名叫《妈妈的那碗大陈面》，出自中国村歌发祥地——江山市大陈村。在大陈，人人唱村歌，家家有歌声，村歌也成就了大陈。为什么这么说呢？请大家随我来！

歌声，是改头换面的力量

如今的大陈村，白墙黛瓦的民居依山而建，青石铺砌的村巷迤逦曲折，成片连群的徽派建筑令人流连。可曾想，以前的大陈村，污水横流、负债累累、人心涣散，是个典型的"落后村"。

如何凝聚人心、匡正村风成了大陈村的难题。"治村先治心，人穷志不短，把道理都唱进歌里吧！"就这样，寓教于乐的"村歌"成了大陈村的"治村法宝"，自此打开了"村歌声声向振兴"的大门。开会迟到，唱两句！家有喜事，唱两句！村内活动，唱两句！唱着唱着就唱成了一家人，唱出了村民的情与义，增加了和气，增添了喜气，大陈村民心渐聚，民风日正。

歌声，是村民致富的密码

歌声里，乡村有了故事；歌声外，乡村有了人气。大陈从村歌出发，摆起了"大陈夜宴"，大型实景剧《你好江山》和孝文化音乐剧《大陈见面》使得村文旅事业蒸蒸日上，白天黑夜游客如织。村民们唱着村歌，做起了小生意。村民汪欣庆，父亲年老体弱，母亲、妻子都患有精神残疾，家里还有一个两岁的孩子，一家人靠低保勉强度日。在村干部的鼓励下，汪欣庆开起了油炸粿小吃店，生意最好时，一天营业额就有 3000 元，他还乘着直播带货的东风，在网上唱着村歌卖起了小吃。曾经的"低保户"摇身变成了"小网红"，腰包鼓起来了，腰板也直起来了。村歌文化变成美丽经济，既富了"脑袋"也富了"口袋"。

歌声，是文化自信的号角

从一人唱到万人唱，从一村唱到村村唱，从乡村唱到全国唱，村歌唱响了中国幸福乡村的声音，唱出了中国农民的自信和幸福。2016 年，北京人民大会堂举办"美丽乡村好声音"村歌汇演，一个晚会，三个篇章，江山村歌，独领风骚。同年 7 月，江山村歌作为"国礼"献声 G20 杭州峰会。参与的徐奶奶已经 85 岁了，她告诉我，这村歌啊，她唱了十多年了，越唱身子骨越好，越唱精神头越足！她觉得，她能唱到 100 岁呢！

习近平总书记指出，文化自信是一个国家、一个民族发展中更基本、更深沉、更持久的力量。[①] 要在共同富裕中实现精神富有，在现代化先行中实现文化先行。江山村歌正以昂首阔步的姿态，在共同富裕的道路上展现

① 引自《习近平在中国共产党第十九次全国代表大会上的报告》一文。

出独特的文化魅力。

　　"歌越唱，情越深。情越深，力越足。"你听这一首首村歌，浸润着田野的芬芳，承载着村民的向往，传递着农村文化的魅力和梦想，汇集起了实现共富梦的强大正能量。

宣讲感言： 江山市大陈村曾是一个远近闻名的"落后村"，为了一改村庄旧面貌，村"两委"用村歌聚民心，以村歌展风采，打响了"中国村歌发源地"的金字招牌。大陈村走出了一条以文化自信带动乡村文旅发展的共富之路，让村里的老老少少，在家门口就能发家致富。大陈村的故事展现了在共同富裕中实现精神富有、在现代化先行中实现文化先行的实践经验。

>>> 共享食堂

29.共享幸福"食"光

衢州市8090新时代理论宣讲团　周　臻

"嘀嘀……"响亮的车喇叭声打破了小山村的宁静，"供富大篷车"开进了江山市廿八都镇坚强村。村委会门口，或是拎着菜篮，或是拿着大袋小袋，村民们带着自家"土货"排起了长长的队伍，等待着收购。

位于浙闽赣三省交界处的坚强村距离江山市区有70多公里，是典型的山区村。村里家家户户都爱种上些时令蔬菜，制作笋干、梅干菜等农副产品。"原来这些东西吃不完只能送人或者扔掉，现在有了'大篷车'，不仅不浪费，还能赚到一点零花钱。"村民们一边清点零钱，一边笑着说。

幸福"食"光，一路分享。沿着蜿蜒的山路，"供富大篷车"将美食从田间地头带到共享食堂的餐桌上，为老人们提供优质食材。这是一道流动的风景线，满载着山区村民的希望奔跑在共同富裕的大道上。

午饭时间，清湖街道九村村"共享食堂"里温暖如春，热气腾腾。村里22位老年人正吃着可口饭菜，人人脸上挂满笑容。据九村村党支部书记徐日法介绍，全村村民一日三餐都可以来共享食堂用餐，三餐酌情付费15元，80岁以上老年人免餐用费。

　　"'共享食堂'一日三餐比家里还方便周全,饭菜端到面前,如同饭店吃饱就走,还不付账。"村民徐长烈欣喜相告。现年92岁的老徐,子女在外创业打工,自家烧饭菜不方便,于是一日三餐都在食堂就餐,他做梦也没想到自己能过上这样幸福的好日子。

　　幸福"食"光,全城同享。九村村的景象只是江山"共享食堂"建设工作的一个缩影,2022年我市将大力推动"共享食堂"全覆盖,用心、用情、用力解决好留守、贫困、孤寡等困难老人的吃饭问题,让家里的老人暖心舒心,让在外的子女安心放心,全力打造三省边际幸福颐养标杆地。

　　除了为老人们提供幸福"食"光,不少乡镇也考虑到了老人们的精神需求,为他们搭建沟通交流、救助帮扶、娱乐休闲的平台。看,碗窑乡共享食堂就建设得十分别致,像一个环境优美的四合院。门前一条有护栏的小溪,溪水清澈见底,长年不断。边上种有水杉等落叶乔木,冬暖夏凉。健身区里,安装了多款适合老年人锻炼的运动设施。屋内,配有书画室、阅读室、棋牌室、手工室等,丰富老人的休闲娱乐生活。

　　幸福"食"光,富裕共享。共享食堂不仅给老年人的家务做减法,还为老年人的幸福做加法,让老年人有更多的时间参与娱乐活动,丰富了精神生活。衡量"富裕"的标准,从来不只是物质的单向维度,内心的富足才最见成效。只有坚持"物质"与"精神"双向驱动,老年人的生活才算真正走上了"共同富裕"的幸福轨道。

　　习近平总书记说:"要积极应对人口老龄化,构建养老、孝老、敬老政策体系和社会环境,推进医养结合,加快老龄事业和产业发展。"[1]共享食堂虽小,却解决了群众最关心的吃饭问题,是构建和谐社会、打通服务群众"最后一公里"的民生大事。

---

① 　引自《习近平和尊老养老的故事》一文。

如今，越来越多的老年人开始安享"住在自家、活在社区"的晚年生活。吃不愁、乐有伴，实现共同富裕的道路上处处可见人民群众的幸福"食"光。

宣讲感言： 2022年，江山市大力推动共享食堂全覆盖，用心、用情、用力解决好留守、贫困、孤寡等困难老人的吃饭问题，让家里的老人暖心舒心，让在外的子女安心放心。共享食堂不仅给老年人的家务做减法，还为老年人的幸福做加法，让老年人有更多的时发间参与娱乐活动，丰富了精神生活。

衡量富裕的标准，从来不只是物质的单向维度，内心的富足才最见成效。只有坚持物质与精神双向驱动，老年人的生活才算真正走上了共同富裕的幸福轨道。

吃不愁、乐有伴，在实现共同富裕的道路上，共享食堂闪耀着人民群众的幸福"食"光。

>>> 清泉村电商大楼

30. "移民村"美丽蝶变的共富密码

衢州市8090新时代理论宣讲团　邹晓东

江山市清泉村是个"下山搬迁安置村"，村民分别来自 13 个乡镇、78 个行政村，有 118 个姓氏，被趣称为"小联合国村"。但是作为江山最大的下山搬迁安置村，这里刚起步的时候可谓困难重重。2021 年 7 月 13 日，省委袁家军书记来到清泉村调研，他说："清泉村找到了致富好路子，要把这条共富路坚持下去。"那么袁家军书记说的共富路子是什么呢？这个常住人口不足千人的"空壳村"又是如何踏上共富之路的？带着这个疑问，我们一起走进清泉村去探寻它的致富密码。

第一步：巧借东风，筑巢引凤

2012 年，浙江省出台了《关于进一步加快电子商务发展的若干意见》，村"两委"敏锐地意识到"机会来了"！总面积 2500 平方米、楼高 5 层的清泉电商大楼落成，这个集办公、仓储、包装、培训、物流为一体的电子商务创业平台，正等待着它的第一批创业者。大走访、问民情、查资料，村"两委"用"三顾茅庐"的诚意，让电商大楼迎来了它的第一位大咖——

从事跨境电商多年的乡贤王京伟带着江山市亿网电子商务有限公司正式落户清泉。等闲识得东风面，凤凰归巢家业兴。如今电商大楼已有40多家电商企业入驻，玩溜了数字经济的清泉村真正地让乡村成为能够回得去的家乡！

第二步：整合资源，实现双赢

电商行业的快速发展，给清泉村带来了人气与商机。

移民新村，村民都是"有房一族"。为此，清泉村把村民闲置的40多套房子"盘"下，进行统一清理、装修，与附近企业进行协商谈判，建立长期合作关系，以"整租"的形式为企业员工提供宿舍，这种方式不仅让村民们年租金收入40多万元，还直接带动村集体经济年增收25万元，实现了村民和村集体经济的"双赢"。如今的清泉村，村民人均纯收入从2008年的1980元增长到3万元；村集体经济收入、集体资产实现了从"零"到目前的100多万元、3000多万元的跨越。

第三步：遍地开花，电商富村

随着电商产业大发展，村里的企业迅猛增长，清泉村依托乡村振兴讲堂，探索推出"电商＋技能＋直播"的"移民三讲"，建立中国国际电子商务中心实训基地、江山村播实训基地，开展"群雁村播"训练营，教授村民用短视频、网络直播的方式推介农特产品，让"数据为农资、手机变农具、直播成农活"。"智慧清泉"乡村振兴综合体已经完成培训1853场，受益群众3万多人次，带动就业1800多人，增收2100多万元。

老乡要致富，发展产业是关键。清泉村的电商产业也正是江山数字经济发展的缩影。如今像"冒个泡""宝格商贸""恒沃公司"等江山本地电商企业已经成为各自行业的龙头，"冒个泡"公司连续8年稳居淘宝网猕猴桃销量榜前茅，"恒沃公司""天霖"连续 8 年排名天猫、京东网店鸽子蛋销售第一，农产品电商已树立起"只要有适合网上销售的农产品，就能在江山'卖出去、销得好'"的良好口碑。截至目前，江山拥有网络零售额 1000 万元以上企业 27 家，其中 5000 万元以上企业 15 家、超亿元企业 10 家，直接从业人员 2500 多人，间接带动一、二、三产就业人数达 6700 多人。

习近平总书记指出，要坚持以人民为中心的发展思想，在高质量发展中促进共同富裕。而数字经济的高技术性和分享性特征，既为经济增长提供了动力，也为均衡发展提供了共享机制，在高质量发展中助力共同富裕。凡益之道，与时偕行。数字经济最后的指归，始终是人民群众美好生活的实现。江山的"云经济"也正带领小城乘风而上，奔赴共富未来。

宣讲感言：共同富裕是全体人民的富裕，是人民群众物质生活和精神生活都富裕。实现共同富裕，迫切需要解决经济长期稳定增长和发展不平衡不充分的问题，数字经济是既兼具创造财富和共享财富属性，又能够促进公平和效率更加统一的新经济形态，是高度契合共同富裕的目标要求的。清泉村的电商产业也正是江山数字经济发展的缩影，如今江山的数字经济正带着江城百姓对美好生活的向往乘风而上，奔赴共富未来！

>>> 全国首批美丽河湖——石梁溪

31.大花园里话共富

衢州市8090新时代理论宣讲团　阮　慧

2005 年 8 月，时任浙江省委书记习近平同志首次提出"绿水青山就是金山银山"的科学论断。17 年来，衢州市深入践行习近平生态文明思想，坚定不移走绿色发展、生态富民之路。衢州市第八次党代会提出的匠心塑造"诗画浙江大花园最美核心区"的战略场景，再次吹响了推动绿色发展的总号角，也为全市人民描绘了从"美起来"到"富起来"再到"强起来"的发展路径。今天，我想通过三个场景，跟大家一起探讨。

建设大花园最美核心区，首先要"美起来"。第一站，我们先去看一看金庸笔下的"世外桃花源"。《射雕英雄传》大家都看过吧？但您可能不知道的是，小说中"桃花岛"的原型就是石梁溪流域的溪中岛。可是几年前，这个世外桃源般的地方当地人却都绕着走。那时周边村庄发展养殖业，废水和生活垃圾直排入溪，让这条溪变成了省级挂名的"黑臭河"，村民又无奈又痛心。痛定思痛，我们在习近平总书记对衢州的殷殷嘱托中找到了答案："衢州是浙江绿源，生态是我们最值得自豪的优势，是我们的后发优势，要走可持续发展道路，发展不能以破坏环境为代价。"于是，一场轰轰烈烈的"清水保卫战"拉开了大幕。全流域截污纳管、全区域洁水养殖、全方位生态修复，沿线3万多村民以水造景，以景生财，不仅享了红利鼓了钱袋，也让这条"黑臭河"一跃成为全省有名的"最美家乡河"。从绿水青山到美丽风景，再到美丽经济，我们坚信只有厚植生态本底，才能推动绿色崛起。

好山好水蹚出富民路。建设大花园最美核心区，一定能"富起来"。习近平总书记指出，实施乡村振兴战略，一个重要任务就是推行绿色发展方式和生活方式，让生态美起来、环境靓起来，再现山清水秀、天蓝地绿、村美人和的美丽画卷。

第二站，我们一起走进柯城区余东村去会一会"乡村毕加索"，看看他们是如何把好环境变成富民"金饭碗"的。余东村是全国美丽宜居示范村，以农民画闻名全国。800多个村民里参与农民画创作的村民就有300多人。他们"白天扛锄头、晚上拿笔头，卧室当画室、门板当画板"，走进村里，宛如徜徉在"十里画廊"。优美的环境、农民画的特色，吸引越来越多的人走进余东村。村民们从卖画到卖文创、卖版权再到卖风景、卖旅游，实现了有人来、有活干、有钱赚。2021年，余东村农民画产业产值就超过3000万元，不仅以一幅画兴一方产业、富一方百姓，更让村民真切感受到共同富裕。

共富共美共奋进。建设大花园最美核心区，最终是"强起来"。习近平总书记指出，生态是资源和财富，是我们的宝藏。我们要让美丽成为竞争力、生产力，关键是要高质量打通"两山"转换通道，让百姓在共富路上越走越宽！

第三站，我们去常山看一看"点绿成金器"是如何把绿水青山变成金山银山的。常山的"两山银行"上线了一个特殊平台——"生态云脑"。在这里，农户成储户，资源变资产。农民自家闲置的山水林田生态资源，都可变身"资产包"，全都可变现。在这里，一端连接市场主体，一端连接金融机构，创新推出胡柚贷、奇石贷等 17 类金融产品，使资源集聚更广，项目落地更快。现已成功引进社会资本 59 亿元，助推全县 180 个村实现年经营性收入 10 万元以上全覆盖，为乡村发展带来了源源不断的红利。

且看满园花似金。"世外桃花源"折射的是衢州护好绿水青山，让大花园"美起来"的铮铮誓言；"乡村毕加索"见证了共富路上"两山"实践带动百姓"富起来"的衢州样板；"点绿成金器"涵养了共富的源头活水，为实现产业"强起来"架起了"桥"和"路"。人人是园丁，处处促共富，让我们一起为建设大花园最美核心区而努力奋进。

宣讲感言：我是一名青年党员，也是生态环境铁军中的普通一员。传播党的好声音，讲好生态环保好故事，是我的使命职责。这几年，我着眼小切口，从群众关心的、熟悉的、感兴趣的具体事例和情景入手，既讲生态环境政策举措、硬招实招，也讲生态环境问题的解决过程、治理效果，讲新时代"美丽衢州"的突出成就和美好愿景，努力在学中干、在干中信，让"讲"的人和"听"的人都得到成长，也更坚定了讲好"党建红"引领"生态绿"故事的信心和决心。

>>> 山底村留守妇女实现家门口就业

32."小羽球"的"腾飞"

今天的故事要从我手上的这个羽毛球说起。在赛场上，发球、蓄力瞄准、击球，一颗颗羽毛球或徐或疾或曲或直地飞舞，展现出了运动员们的智慧和力量。而在赛场外，江山人民也把羽毛球的智慧运用到了共同富裕的探索实践中。

第一步，发球蓄势。好的发球，相当于成功了一半。山底村，就成功地发出了这一"致富球"。20 世纪 80 年代初，随着第一家羽毛球企业——航宇文体在贺村镇山底村落地，羽毛球悄然翻开了山底村的共富新画卷。

据统计，山底村现拥有全国三分之二的羽毛球市场份额，有超过三分之一的村民从事羽毛球加工工作，村民的年人均收入达 3 万元。生产、培训、销售一条龙，村民不仅能富口袋，还能长本领。原先在羽毛球厂打工的，也开始自立门户，数十家羽毛球厂随之蓬勃兴起。2021 年，山底村集体经营性收入达 30.7 万元，2022 年预计达 50 万元。

除此之外，航宇文体还为留守妇女、残疾人等没有经济来源的村民提供了岗位。弱势群体也享受到了就业红利，这背后，彰显的是共富路上"每

一个小团体都不被放弃"。"国之称富者，在乎丰民。"习近平总书记的话掷地有声，也擘画出山底村实现共富的新图景。而羽毛球，已然成为山底村的"代言球"。

第二步，瞄准目标。打球若不能瞄准正确位置，只会事倍功半。山底村就乘着"体育热"的东风将目标瞄准了文体事业。新冠肺炎疫情防控期间，全国范围内掀起了一股"全民健身"的热潮，这个小村庄也不例外。2021年，贺村镇投资5000万元，将小镇振兴讲堂、文化礼堂、羽毛球馆"三馆"融合共建，成为村民日常休闲锻炼的场所。"年轻、时尚、动感"早已成为山底村的代名词。而每年十月，"浙闽赣皖"四省边际羽毛球邀请赛都会在贺村镇山底村举办，吸引四省的羽毛球爱好者齐聚于此。

文体事业在这个基层小角落生根发芽，昭示着老百姓的幸福指数也不断提升。小小羽毛球，如一剂良药，痊愈着这座原本枯燥闭塞的村庄，切口虽小，却连接着共同富裕的大方向。

第三步，挥拍击球。把好挥拍时的方向、速度，就能让打出的球飞得又快又稳。如何让山底村的发展行稳致远呢？浙江推出的社区村镇"十五分钟健身圈"全覆盖也给了山底村的文体事业强劲韧性，同时赋予了共同富裕新内涵——全民健康。健康是人民最宝贵的财富，拥有一个强健的体魄往往联结着千家万户的幸福。习近平总书记也曾在建设健康中国中指出，现代化最重要的指标还是人民健康，这是人民幸福生活的基础。小村庄孕育出了健康生活的大产业，而当小羽毛球划过山底村的上空时，不仅为当地健康产业带去了生机活力，也为山底村未来的规划指明了方向。

发球、瞄准、击球一气呵成，我们在小小羽毛球中探索着乡村振兴的密码，一片羽毛，寄托了全村人民对美好生活的向往；一片球场，带来了文体事业红利的金饭碗；一纸规划，编织了山底村的幸福前景。而小小羽毛球的"腾飞"，也是山底村实现共同富裕的缩影。

宣讲感言：共同富裕是当今时代的主旋律，而时代也赋予了共同富裕更丰富的内涵。在对共同富裕的实践探索中，贺村镇山底村从未把发展的方向束缚在一张乏味的清单上，小小羽球，带领着这座小村庄走出衢州、走出浙江，走出了一条独一无二的共富道路。共同富裕不只是口袋"鼓"起来，脑袋"富"起来，体魄也要"强"起来。

通过这次宣讲，我们深刻地学习和把握共同富裕的丰富内涵。在高质量发展中的共同富裕是满足人民对美好生活多层次、多样化的需求，是不抛弃、不放弃每一个小团体，是千千万万人共同的努力和追逐，使改变时代、改变中国成为可能。

>>> "全国技术能手"李群勇为弟子授课

33.龙顶之"变"

开化县"九醉池淮"8090新时代理论宣讲团　余凯凯

说起开化龙顶，大家并不陌生。时任浙江省委书记习近平 2006 年到开化调研时指出："开化龙顶全国知名，喝一点龙顶茶是很好的，种茶叶是大有前途的，希望你们的生活更加美好。"今天，我就来和大家分享有关开化龙顶的故事。

第一个故事名为"蜕变"

首先我想请各位思考一个问题，当你的生命和事业发生冲突时，你会选择什么？益龙芳董事长余华军这样回答："我病了不要紧，益龙芳不能病！"

2017 年 8 月，余华军被诊断为急性白血病，但即使在住院治疗期间，他心中最牵挂的还是龙顶茶。那段时间，他经常与总经理刘晨光交流公司发展思路，也仍然保持每天喝茶的习惯，即使不能喝，也要闻一闻茶香。虽然他看不到那令人陶醉的满园茶绿，但园中的一草一木，都印在他的心里。当时，台州有家企业提出与他开展合作，并想收购益龙芳，他的妻子心疼他，有些心动,便和他商量,但他态度坚定地选择了拒绝,"益龙芳凝聚了两代人的心血,无论如何不能卖"。

20多年来,正是靠着这份执着和坚守,余华军从一个一窍不通的门外汉成长为地地道道的茶农,益龙芳也从最初的荒芜茶园转变为如今的现代化茶企,2021年品牌价值更是达到了5.23亿,位列全国茶企20强。余华军说,自己就像那叶龙顶茶,只有经过热水的冲泡,才能散发沁人心脾的芳香,展现出顽强的生命力。

第二个故事名为"裂变"

在我们池淮镇星口村有个家庭农场,整日都弥漫着茶的芳香。仔细望去,采青、萎凋、揉捻、发酵、干燥……一位制茶师傅正通过双手,赋予茶芽新的生命。

他就是"全国技术能手"李群勇,从事茶叶生产20年来,他不断钻研加工工艺,曾获全国茶叶加工技能竞赛第一名等多项荣誉。

其实年轻时的李群勇也从事过多种行业,流水线工人、卖菜商贩、推销员、送货工等,但最终选择回到家乡和父亲学习种茶。成名之后,他多了一项爱好:上课,既给自己的7个徒弟上课,也给茶农们、村民们上课。

在星口村的乡村振兴讲堂,他给村民介绍茶叶的基本加工工艺;在茶农和徒弟们面前,他热心分享自己的品茶、制茶经验。

对李群勇来说,茶首先是一种文化而不是一种商品,重要的是将这种文化传播出去。他的愿景是未来有一天大家走进开化,处处都是茶香,遍地都是茶客。

第三个故事名为"蝶变"

池淮有一片地方"下一天雨就涨水,晴上三天就干旱",被人称作"十里干滩",却是种植茶叶的天然沃土。2020年,在池淮镇专科服务队的谋划下,"十里干滩"附近的几个村联合起来,并联合益龙芳、御玺等,组建了"金叶子"共富联盟,引进茶产业示范项目,新增茶园基地1000多亩,将"十里干滩"变为了"十里金滩"。

招不到采茶工,有联盟调配;买不到好茶苗,有联盟代购;就连市场里开展的茶青交易,也处处有着联盟的影子。就这样,在"金叶子"共富联盟的带动下,低收入农户靠采茶获得收入,村集体靠种茶获得收益,产业链条上的各个环节都能产出实实在在的利益,因产业发展而受益的村民变多了,群众的生活也变得更好了。

村里一名制茶多年的老师傅曾对我说:"茶,是一种文化,一种境界,一种生活。"当"美丽资源"变成"美丽经济"时,绿水青山也就成了金山银山,在开化龙顶的故事里,也是在以余华军、李群勇为代表的开化茶人们的努力下,益龙芳迎来了它的"蜕变"升华,龙顶加工工艺走向"裂变"发展,美丽乡村也开始了"蝶变"转型,而这些,正是我们遵循高屹书记在市第八次党代会期间提出的"人人有更好的事做、家家有更高的收入"的生动实践,更是高质量建设共同富裕示范区的具体写照。

当您累了、感到疲惫,不妨停下来歇歇,泡上一杯开化龙顶,听我讲讲它背后的故事。

宣讲感言:"同饮源头水,共品龙顶茶,喜迎开门红。"从默默无闻到香飘四海,开化龙顶的嬗变升华历经了几代人的共同努力。在"金叶子"共富联盟的故事里,在党员干部、茶农茶企的探索实践中,产业发展、百姓增收、集体受益,共同富裕的道路也越走越宽。

历史长河奔腾不息，时代考卷常出常新。发展蓝图已经绘就，作为扎根在基层的青年干部，既是百年共富征途中的赶考者，也是新时代考题面前的答卷人，要以行动响应号召，冲锋在前当好"主力军"，坚定理想、不负韶华，把握机遇、勇担使命，在共同富裕示范区建设中展现更大担当作为！

>>> 扶贫干部余永宜走访库区群众

34.白马路的共富密码

　　2006 年，有一群离开大山的人在衢州廿里镇白马路安顿了下来，这一年，是他们生活日新月异的开始。今天我就带大家沿着这条白马下山路，去探寻白马新村的前世今生。

第一篇章：血泪

　　有一条漫长的路，承载着库区人民的血泪。在衢州，当你提到乌溪江库区，脑海里总是会忍不住浮现一片茫茫大山和一条蜿蜒曲折的公路。从岭洋乡政府到衢江城区要先坐船再换车，至少要两个半小时。老话讲，"想致富，先修路"。这条蜿蜒的公路给山区人民带去了最基本的生活保障，带动了库区农业的发展，但也仅限于此。2003 年年末，在这儿靠天吃饭的人们，人均年收入仅为 2100 元。"这里漫山遍野都是毛竹，但是毛竹能卖多少钱呢？"扶贫干部余永宜这样说道。在和他的对话中我们了解到，库区发展的限制还不止于此，"之前这里有一个村支书的妻子半夜生病，结果到半路，还在船上人就（没了）"。城区居民半个小时就能完成的生活琐事，库区居民需要花费近 20 倍的时间，这对于发展产业、农民致富是一个不小的挑战。

第二篇章：幸福

有一条宽阔的路，连接着库区移民的幸福。2006 年，时任浙江省委书记习近平接见乌溪江库区群众时，提出要求："既要保护我们的绿水青山，又要让我们生态区的群众今后的生活变得富有，与全省人民一道奔小康。"对于如何实现，习近平总书记也给出了他的回答。同年，他在《浙江日报》"之江新语"专栏文章中指出："实践表明，工业化、城市化、市场化和农业农村现代化的互促共进，是从根本上解决'三农'问题的不二法门，是城乡共同发展、共同繁荣的康庄大道。"2005 年至 2006 年期间，衢江区黄坛口乡、举村乡、岭洋乡、湖南镇中的 34 个村 1700 余人响应政府的号召来到白马路，落户白马新村。移民的一大好处是改善生活和增加收入，白马村的支部书记翁秋英说："一般来说年轻人下山之前都在外打零工，出行不方便，一年只有六七千元收入，现在可以就近在元立集团上班，年收入七八万元，比在山里收入翻了几番。"她顿了顿，骄傲地对我说："这种情况可多了，半个村都是！"走在白马路上，老百姓"越来越有盼头了"。

第三篇章：未来

有一条共同富裕的路，通向新村居民的未来。白马新村组建初期，由于无土安置、城乡杂糅、缺乏产业，村集体经济发展一度滞后。翁秋英充分认识到发展壮大村集体经济对于融入共同富裕示范区建设的重要性和必要性，在上任之后迅速制订了一系列计划。通过发展数字产业，开发线上系统并出售，为村集体经济增收 45 万元。升级低效产业，承接上市公司硬件设备装配业务，加工项目从手工品升级为服装、电脑装配，专职工人月收入从 400 元提高到 3000 元。发展培训产业，每年为 1000 余名失业人员提供培训，一部分留在公司家政服务团队工作，一部分输送至周边园区企业促进村民就近就业。通过以上三种方式，白马新村经营性收入从 2020 年的 10 万元增长至 2021 年的 77 万元，外出务工比例从 5 年前的 60% 减少到 5.8%，村集体经济增收突破百万元。

翁书记说："经济是限制乡村发展的短板，只有村集体经济发展好了，老百姓得到切实利益了，我们村'两委'的工作才能更加顺理成章，党的领导也会越来越扎实。"这短短的一句话，道出了共同富裕的本质和要求——党的领导、人民的需求，就是我们奋斗的目标。

浙江省委书记袁家军在《扎实推动高质量发展建设共同富裕示范区》一文中提到："深入实施新型城镇化和乡村振兴战略，以农业转移人口和农村人口为重点，打好城乡一体化改革组合拳，畅通城乡经济循环，率先实现城乡一体化发展。"[1] 在我看来，这条白马下山路只是浙江共富路上的一个缩影，浙江有许许多多像白马新村一样的地方，以农村转移人口为重点，让农村劳动力向城镇化区域转移，向第二、第三产业转移，从而突破地区、环境的桎梏，最终得以昂扬走在欣欣向荣的共富路上。

宣讲感言：一次成功的宣讲，首先要感动自己，才能打动别人。2020年开始，我因工作接触到了乌溪江库区移民群众，一次又一次走访和调研，让我深深认识到库区人民过去的穷苦和困难，也认识到现在的幸福生活是多么来之不易。2005年，时任浙江省委书记习近平接见乌溪江库区群众时提出："既要保护我们的绿水

---

[1] 《求是》，2021 年第 20 期。

青山，又要让我们生态区的群众今后的生活变得富有，与全省人民一道奔小康。"许许多多的扶贫干部，奋战一线，通过移民下山造福了数十万人民群众。而今脱贫攻坚取得全面胜利，新时代的白马新村必将昂扬走在更加广阔的共富路上。

>>> 2019年衢江区杜泽老街开街仪式：特色戏曲表演

35.用高品质文化赋能共富之路

衢州市8090新时代理论宣讲团　周　睿

你知道"15分钟品质文化生活圈"吗？举一个简单的例子：

在衢江区莲花镇西山下村未来社区，走出家门，可以来到铺里·南孔书屋细嗅书香；可以走进健身盒子燃烧脂肪；可以前往乡村会客厅会会老友、话话家常；也可以置身盒子空间聆听8090宣讲团的时代之音；还可以前往当地的农村文化礼堂，加入各类文艺团队，参加丰富的文艺培训……到达这些点位的时间，最多不超过15分钟。

2022年，浙江省列出了"十方面民生实事项目"，其中一项"浙文惠享"工程专门提出了打造"15分钟品质文化生活圈"的目标。这是一个以人为本的全新概念，城乡居民走出家门，15分钟内即可到达1个必备的公共文化场馆和2个以上的公益性公共文化点位，最便捷、最高效地享受到高品质的文化服务。目前，衢江区正在全区范围内着力打造122个"15分钟品质文化生活圈"，努力让文化复兴的软实力跟上经济社会发展的高速度。

共同富裕，是一个创造财富与拥抱幸福双向奔赴的过程。文化是高质量打造共同富裕示范区过程中最具活力的元素，也是其中必不可少的一块拼图。习近平总书记反复强调，要积极"促进基本公共文化服务标准化均等化"。用高品质文化赋能共富之路，能够最实用地满足人民对美好生活多层次、多样化的需求，让百姓充分享受到改革发展带来的获得感与幸福感。更重要的是，文化之功，水滴石穿，文化的作用和意义正是满足人的精神需求。它让一座城市变得优雅生动，让人们的精神世界变得多彩充实，从而用更积极饱满的状态投身建设共同富裕的伟大征程之中，真正通过以文惠民、以文化人，推动以文润富、以文促富，实现共建与共享的高效循环。共富之路，也是文化复兴之路、文化自信之路。

宣讲感言：共同富裕既包括物质富裕，也包括精神富有。文化是人们最基本的一项精神层面的需求，它能愉悦身心、陶冶情操，优秀的文化能为人们提供科学的知识和特定的价值系统，无形中调节干预着人的行为，培养激发着人的内在的力量。这也是高质量发展建设共同富裕示范区过程中所需要的推动力、凝聚力和向心力。用高品质文化赋能共富之路，既是必要，也是必须。

>>> 台风前，王海强对柴油发电机组做好调试工作，为保电做足准备

36.共富路上，垦荒精神不能丢

台州大陈岛垦荒精神教育中心　姜雪芳

（一）

从台州市椒江码头坐船，向东行驶 29 海里，被誉为"东海明珠"的大陈岛便映入眼帘。

1955 年，驻扎大陈岛的国民党军队在败退的同时肆意破坏，使大陈岛成为荒岛。1956 年起，先后 5 批共 467 名来自温州、台州的青年志愿垦荒队员，响应团中央号召投身大陈岛的垦荒建设。

从恢复农业生产，到发展畜牧业，再到向海洋进军发展渔业，年轻的垦荒队员和岛上军民共同打破艰苦的条件限制，自力更生，艰苦创业，一个满目疮痍的荒岛逐渐恢复了生机。

从 2006 年到 2016 年，跨越 10 年，习近平总书记的一次视察、两次回信，高度肯定了"艰苦创业、奋发图强、无私奉献、开拓创新"的大陈岛垦荒精神。在高质量发展建设共同富裕示范区的新征程上，我们该如何理解和认识大陈岛垦荒精神？

（二）

在当年垦荒队员的口述史里，记录着这样一段文字："在整个垦荒队，没有人计较个人的得失，没有人奢谈个人的青春年华，也没有人记录自己的豪言壮语，大家只有一个信念：把大陈岛建设成美丽的家园。"

在大陈岛的西南方向有一座名为竹屿岛的无人岛。当年，为了扩大畜牧业，垦荒队决定在这个荒岛上养羊。但是谁会愿意去孤岛牧羊呢？党员张寿春领命前往，一间不足10平方米的破屋，就是张寿春在竹屿岛的住所；一群羊，就是他唯一的伙伴。一个人、一座岛，一守就是三年。后来，垦荒队又决定在另一座荒岛洋旗岛上养猪。张寿春又一次挺身而出，带上家人，一守又是三年。

垦荒任务完成后，队员们舍不得离开这片奋斗过的土地，100多名队员在岛上安家，大陈岛上有了一群"垦二代"。

王海强就是"垦二代"之一。他19岁成为大陈供电所一名线路工人，从普通线路工到供电所所长、党支部书记，再到组建共产党员服务队。30多年来，王海强坚守在大陈电力生产第一线，守护着这座海岛的光明。

目前，全国首个基于海岛场景的氢能综合利用示范工程正在大陈岛紧锣密鼓地建设，目的是将岛上富余的风力制成零排放的绿氢。作为浙江首批低（零）碳试点乡镇，大陈岛正以"绿氢"为发力方向，全力打造"碳中和"示范岛。

从小听着垦荒故事长大的周海华，也到了"后浪入海"的奋斗年华。从黄鱼养殖技术创新，到盘活闲置房，打造海岛特色民宿，周海华带领大陈渔民一直奋斗在共同致富的道路上。

不同的时代，一样的奋斗姿态。从昔日的海上荒岛，到如今的东海明珠，大陈岛60多年的沧桑巨变，背后是一代又一代垦荒者的接续奋斗，是大陈岛垦荒精神的接力传承。

（三）

在高质量发展建设共同富裕示范区的新征程上，大陈岛的垦荒精神有着什么样的意义？

从历史维度看，大陈岛垦荒精神形成于社会主义革命与建设时期，是党百年初心的时代表达。"建设伟大祖国的大陈岛"是垦荒队员的青春理想和使命担当。大陈岛垦荒精神，承载的正是为党和人民事业奋斗的初心使命。共同富裕是人民群众的共同期盼，需要我们弘扬垦荒精神，坚守初心，为答好实现共同富裕这个时代课题先行探路。

从发展维度看，大陈岛垦荒精神传承于改革开放的时代大潮，熔铸于浙江的红色根脉。台州民营经济的蓬勃发展，是改革开放时代背景下一场新的"垦荒"。台州人敢为人先、白手起家的奋斗实践为垦荒精神注入了新的时代内涵。新时代的浙江发展，需要我们弘扬垦荒精神，以"摸着石头过河"的智慧和敢闯敢干的勇气打造"试验田"，为全国推动共同富裕提供省域范例。

从现实维度看，大陈岛垦荒精神在民族复兴的征程上升华，习近平总书记的"一次视察，两次回信"，赋予了垦荒精神在实现中华民族伟大复兴中国梦新征途上的时代价值。实现共同富裕是一场久久为功的实践探索，我们要以新时代创业者的姿态，勇闯"无人区"、勇蹚"深水区"，为推动共同富裕创造美好生活，寻找更具普遍意义的"共富经验"。

新征程、新垦荒。让我们在一个更加广阔的视野里传承弘扬垦荒精神，奋力推动共同富裕。

宣讲感言：大陈岛垦荒精神传承于伟大建党精神，映照了党的百年初心。习近平总书记在2021年的"七一"重要讲话中首次阐释了伟大建党精神。伟大建党精神百年赓续，承载着党的初心和使命。大陈岛垦荒精神脱胎于"建设新中国"的火热实践，正与伟大建党精神一脉相承，是其精神在社会主义建设时期的具体体现，是党的百年初心的时代表达。

　　守好"红色根脉"，必须牢记红色历史、传承红色基因、弘扬红色精神。特别是对新时代的浙江人而言，我们肩负打造"重要窗口"的使命，承担着为全国实现共同富裕探路先行的重任。这是前人没有走过的路，迫切需要我们弘扬垦荒精神，勇于开拓、砥砺奋进。这也是大陈岛垦荒精神"不老"的价值和意义所在。

>>> 　浙江大学环境与资源学院教授田生科在岭根村柑橘科创园查看柑橘生长情况

37.三位教授一"台"戏

台州市黄岩区"小青橘"青年理论宣讲团　陈　豪

共同富裕，是全体人民的富裕。推进共同富裕，乡村振兴是重点。乡村振兴作为国家战略，是实现共同富裕的必经之路。今天，我将为大家介绍，在推动共同富裕进程中，江浙沪三位教授扎根台州黄岩，共助乡村振兴的故事。

首先，介绍的第一位教授，是来自上海同济大学的杨贵庆教授。

2013 年春节刚过，杨教授就带着他的团队来到了黄岩区沙滩村，把沙滩村作为第一个实践案例，开始探索一条符合黄岩发展路径的乡村振兴之道。"说好的改造，环境提升，难道不应该是造整齐漂亮的新房子，建笔直宽阔的大马路吗？"杨教授团队刚到沙滩村，就被团团围住，村民们七嘴八舌地表达意见。面对这样的情景，杨教授没有退缩，而是对问题一一做了解答，同时还提出了非常接地气的"扑克牌说辞"："你觉得手上拿了一把小牌，以为老房子是小牌、是废牌，造新房子才是王牌、大牌，但仔细一看，古村落的原始风貌好比是同花顺啊，怎么能换呢？"

在杨教授与村民的反复磨合下，村民们的理念开始发生变化，沙滩村的改造顺利展开，过去破旧的村庄重新焕发出了活力。

接下来介绍的第二位教授，是来自南京中医药大学的谈献和教授。

我们黄岩西部多山，环抱长潭水库。长潭水库是我们台州人民的大水缸，是国家一类水源保护区。为了杜绝污染，这里不能建厂，不能规模化发展旅游业，甚至不能大面积种植水稻。在这样的条件下，黄岩西部该怎么发展？该如何让藏在山里的村子富裕起来呢？

2018年3月，谈教授第一次来到黄岩，发现这里生态条件非常好，水热、光照、土壤以及中药材种植讲究的坡形，这里都能满足。但在当时，就是这么一片绿水青山，反而成了乡村发展的难点。谈教授紧密结合当地实际，从种植管理，到产销对接，再到中长期规划，给予全方位的指导。

如今谈教授指导的中药材产业蓬勃发展，产值从2015年不足200万元上升到2021年的5607万元，提升了村集体收入，增强了造血功能，让我们黄岩西部人民过上了更好的日子。

最后介绍的第三位教授，是来自浙江大学的田生科教授。

2018年3月，田教授的柑橘大棚在宁溪镇岭根村动工了。为了推动田教授的实验顺利开展，镇村干部全力以赴，做了大量工作。建造大棚需要破坏原有田埂，整体平整土地，他们就在田间地头做村民的思想工作精准标注地界；2020年种植的"红美人"遇到了冻害天气，原本预估300万的产值，最后只收入了30万，他们就从备案、现场勘察、定损提供一条龙服务，快速拿到农业保险理赔，为接下来的补种争取了宝贵的时间。

田教授曾多次夸赞，"如果说人才是乡村振兴的关键，那坚强的干部队伍就是乡村振兴的前提"。

田教授把柑橘种在袋子里，就地将废弃物、木屑、茭白叶、甘蔗渣加入其中，给柑橘生长提供充足的养分。安装了物联网设备，滴灌、喷灌，一键直达，随时能监测水分和养分情况。他说："实验室的环境是可控的。

但农田的环境是不可控的，农民的风险更是不可预见的。我想做的，是把这些不可控的因素进行可控化的研究，让农民能够轻松地干活、轻松地挣钱。"

田教授团队不仅给我们黄岩西部带来了科学技术，也带来了兴农收入，岭根村集体收入从 2017 年的 2000 元提升到如今的 20 多万元。

乡村振兴，受益的是群众，给群众带来的是福祉。要实现共同富裕，全面推进乡村振兴、促进农民农村共同富裕是必不可少的一环。

路途虽远，行则必至。在共同富裕的道路上，我们浙江已经制定了时间表、明确了路线图，全省上下吹响了集结号，以江浙沪教授共助乡村振兴为代表的生动实践，正在之江大地上如火如荼地展开。在这场时代大考中，作为答题者的你我，也都在各自岗位上脚踏实地，积极探索，"一个不少"的努力，助推"一个不落"的富裕，在新的时代书写属于我们的伟大荣光。

宣讲感言： 在全面建成了小康社会的基础上，共同富裕已经更加真实可感，是看得见、摸得着的成果。这一步，我们迈出得坚实有力；这一路，我们实践得有理有据。

杨贵庆教授的乡村振兴之道，让最新的建筑理念落地生根，让古村落的保护开发有了具体样本；谈献和教授的中药材种植产业，让藏在山里的村子有了生财之道，让绿水青山向金山银山转变；田生科教授的数字农业，既带来科学技术，又带来了兴农收入，让传统农业插上了数字化改革的翅膀，为促进农民增收，发展农村经济注入强劲动力。

以江浙沪教授共助乡村振兴为代表的共富实践，正在身边悄然发生。作为新时代的青年，我们更不能掉队，要积极参与进来，要建功新时代，让美好的事情多多发生。

>>>　台州市路桥区金清镇高升村文化礼堂"一元学"暑期公益课堂火热进行中

38.一块钱的共富之旅

台州市路桥区"东海潮"青年理论宣讲团　郑　佳

一块钱能干什么？买根棒棒糖，买包咪咪虾条，或是买一小包纸巾……而在我的小城——金清，一块钱却有大用处。今天，就请带上一块钱，跟我赴一场共富之旅。

优越的地理位置，大气的建筑外观，推开门浓郁的文化气息扑面而来，整齐划一的书架上摆满各式各样的图书，这就是网红打卡地——台州市路桥区金清图书馆。你猜，这块宝地花多少钱租的？答案：只需一块钱！2018年金清企业家吴华聪将2000平方米的厂房以每年一元的租金出租建设图书馆，为政府解决了建设场地的问题，为当地百姓提供了优越的阅读空间。而这厂房以市场价租赁的话，每年都会有一笔不菲的收入，但吴华聪却说："我的财富来源于社会，就应当回馈于社会。"每天早晨推开图书馆的大门，总能看到一位老爷爷坐在同一个位置，像个认真的孩子，一手翻书，一手一笔一画摘抄着笔记。这是达则兼济天下的共富景象。

走出图书馆，走进文化礼堂，又是另外一幅景象。闲暇时光，村民们齐聚礼堂，学非洲鼓、学乒乓球、学画画、学声乐……各种门类课程任由

挑选，你可能会好奇地问这学费不菲吧？答案：只需一块钱！金清镇构筑有文化礼堂"一元学"公益"粮仓"。村民们只花一块钱就能在家门口学到自己感兴趣的课程，一些低保户、残障人士更是能享受到专项订制课程。在文化礼堂里，一元钱还可以众筹文化项目。为了实现礼堂活动自给自足，村民们自发成立有"一元捐"文化众筹基金，来礼堂活动时主动往捐款箱里投钱，成了村民们的普遍习惯，你一元我一元，今天投一元，明天再投一元，就这样，文化基金池里就有源源不断的活水。以金清镇下梁村为例，每年基金池都能筹集到 30 多万元的专项经费，而这笔经费不仅保障了一年一度的乡村篮球联谊赛，还置办了全套健身设备，更建成了党建文化公园。这是一种人人参与的文化"润富"景象。

一块钱很小，但人人都拿出一块钱参与共富事业，就可以将小小的一块钱发挥大大的作用。在我的小城，这样的共富景象还有很多。一块钱汇聚成的共富之旅快车正在疾驰，而此刻的我们也该思考，"共富"到底是什么？我们不妨把这个词一分为二拆解开。

"共"是什么？"共"是过程，是共承苦难、共同奋斗。当前，百年变局和新冠肺炎疫情交织叠加，虽然我国经济社会发展形势总体向好，但不平衡、不充分的矛盾问题，还是给发展带来了不容小觑的冲击和挑战。所以，我们决不能躺平，14 多亿的小分子必须共承苦难、共同奋斗，特别是我们青年一代，更应当用奋斗的青春担当起时代的重任。

那么"富"又是什么呢？是目标，是物质富裕和精神富有的接力前行。改革开放 40 多年来，浙江发生了翻天覆地的变化，从山高壑深、行路难不输蜀道的资源小省一跃成为国家共同富裕示范区，实现了市场化改革领跑全国，GDP 总量稳居前列，农民人均收入 30 多年独占鳌头等目标。正是物质富裕给了浙江人民精神富有的底气，17800 多家文化礼堂落地开花，全国文明城市全覆盖。也正是物质富裕和精神富有的接力前行让浙江有实力担当起"三地一窗口"的历史使命，让人惊叹"浙江现象""浙江奇迹"。

朋友们，共富之旅快车正载着我们继续朝目的地前行，而作为共富旅途中的主体，我们应当为其加油添能，让这辆快车跑出加速度。或许共富旅途并非平坦顺畅，但有"爱国之心"，则握"国之命脉"，"共富"可期，终点不远！

宣讲感言： 理论宣讲是打通党的创新理论传播"最后一公里"的重要渠道。作为青年理论宣讲员，我深感责任重大，使命光荣。理论宣讲让我强信念、广见闻、知不足、得历练，在宣讲中得到感悟，在感悟中不断提升。

我认为作为一名宣讲员，必须当好学习者。宣讲有很强的政治性、思想性和时效性，要吃透"上情"，才能紧跟时代潮流。宣讲员也要当好实践者。理论宣讲只有紧密联系实际，摸透下情，用事实说话，才能拉近理论与群众的距离，引发共鸣。宣讲员更要当好传播者。理论宣讲要坚持弘扬主旋律、传播正能量，才能凝聚起群众的思想合力。

奋斗是青春最亮丽的底色，行动是青年最有效的磨砺。我将用身边的奋进故事去感染更多的人，用青春力量传播党的好声音。

>>> 玉环市干江镇垟坑荷塘主题乐园

39.村民变"股民"，村庄变景区，资源变资产：
玉环干江绘就海岛乡村共富新图景

玉环市干江镇　林海雪

以"股份众筹"的方式，集村民之资，统一使用，兴办文旅项目，赚来的钱按股分红，增加村民资本性收入。这条村民共同富裕的新路子被称为"干江模式"。

干江镇位于玉环市东南面，东濒东海，西临漩门湾，由于地理位置较偏，传统旅游资源禀赋不高。截至 2017 年年底，全镇 19 个行政村中尚有经济薄弱村 9 个，村集体收入平均不足 5 万元。近年来，干江镇依托山海资源优势，创新"集体股份众筹、村企股份合作、村村股份联营"三种模式，大力实施乡村振兴战略，实现产业错位发展，形成互补效应，推动村民变股民、个体变整体、村庄变景区、资源变资产，探索出了村集体与村民共同富裕的路径。

全民参与的"4951"干江模式

2018 年 12 月 23 日，一座长 138 米，面朝大海、飞架悬崖之上的浙江省首座滨海玻璃吊桥横空出世。站在桥上，举目远眺，碧海蓝天，青山悠悠，玻璃吊桥就像一条透明的丝带，如梦似幻；低头俯视，脚下岩壁陡峭，绿树繁荫，踱步桥上仿如"人在空中走，景在脚下游"。

彼时上栈头村还是个年村集体收入不足 8000 元的经济薄弱村，2018 年，该村充分发挥村庄背山面海的自然资源优势，率先探索实践"4951"股份众筹合作机制，即村集体占股 51%+ 村民占股 49%，引入现代企业模式，注册成立浙江栈头渔村旅游开发有限公司，由公司通过"4951"股份分配比例筹措资金，村民以每人每股 5500 元的标准认筹，共筹措资金 700 万元，建成浙江省首座滨海玻璃吊桥。

当年 12 月 23 日，玻璃吊桥投入运营，短短一周迅速蹿红，游客蜂拥而至。不到 4 个月，门票收入达 400 多万元。2019 年 4 月 15 日，村里进行了第一次分红，每股分红 1000 元。短短 3 年时间，上栈头村不仅建起玻璃吊桥，还陆续投入 4000 多万元建成十多个游乐项目，村庄面貌焕然一新。在旅游项目带动下，上栈头村实现"弯道超车"，截至 2021 年，上栈头村累计门票收入达 3000 余万元，实现村民股东分红 600 万元，村集体经济年收入增至 160 多万元，每位村民收入至少增加 3000 多元。

因地制宜的产业发展

青山如黛，荷叶层叠，这是 2020 年的垟坑村。那年，眼见着上栈头村玻璃吊桥、炮台村高空漂流相继投用，景区人头攒动，相邻的垟坑村也坐不住了。2019 年，垟坑村搭上乡村振兴快车，开始尝试发展荷花产业，采取村集体占 51% 以上的村民集资占 49% 的合资方式，投入 1300 多万元，利用流转的 135 亩土地建设集莲藕种植、荷花观赏、休闲游乐为一体的田园综合体。

但荷花观赏期毕竟有限，花谢后乐园该靠什么产生效益？为此，垟坑村特邀专业设计团队实地考察，最终敲定"荷塘套养龙虾"方案。

2021 年，趁着旅游淡季，村里在 50 亩荷花池里，尝试投放了 500 多公斤龙虾苗，为保证龙虾品质，聘请专人定期给龙虾补充以蛋白质为主的生态饲料。荷塘里的小龙虾，以腐烂的藕为饵料，既净化了水质，又可以防止烂藕带来的黑斑病菌传播；小龙虾粪还为藕增加了有机肥料，提高了藕的品质和产量，实现了良性循环。

2022 年上半年，村里又乘胜追击投放了 1000 多公斤龙虾苗。"前段时间我们刚向市场销售了一批小龙虾，每公斤 50 元，盈利 3 万元，供不应求。"村党支部书记王才敢算了一笔账，之前一亩荷塘产藕量约 1500 公斤，收入约 3000 元，套养小龙虾以后，预计每亩荷塘可为村集体增收 2 万元。

2022 年，为进一步走深走实共同富裕"干江模式"，干江镇还及时推出"4060"模式，即以镇经济发展公司占股 40%，15 个村各占股 4% 的股权比例，成立玉环干江悦来文旅发展集团有限公司，从镇级层面来全面统筹镇域旅游开发和市场建设，成片连线培育具有干江特色的全域共富产业带，带动全镇各村共享共富发展成果。同时筹备建立干江共富发展基金，以专业信托基金模式来运作，致力于扶贫帮困、文化教育等产业共富领域之外的共同富裕事业，带动物质和精神全面共富。

宣讲感言：共同富裕是中华民族自古以来的美好梦想，是马克思主义的基本目标，是社会主义的本质要求，是我们党的重要使命，也是新发展阶段实现人民美好生活的内在要求。自浙江开启高质量发展建设共同富裕示范区的新征程以来，干江镇已经大步走在赶考路上。从"股东"姜岸柳到致富小龙虾，从"单兵作战"到"抱团发展"，干江镇将实现共同富裕的愿景逐步拉近。作为新时代的青年，我们要承担使命，向榜样学习，为共同富裕示范区建设贡献我们的青春力量。

>>> 椒江大桥改扩建最新效果图

40.跑赢"1小时交通圈"，开路"共同富裕"

台州市椒江区交通运输局　周金俊

　　1小时不过是表盘上分针转一圈的时间，却能从台州到达杭州，从台州市区到各个县市区。"1小时交通圈"，是指通过经济、快速、便捷的交通方式实现点对点之间1小时内到达。2022年，浙江聚焦高标准建成"3个1小时交通圈"，这对浙江在全国先行探索高质量发展建设共同富裕示范区，有着重大意义。

　　"治国之道，富民为始。"共同富裕旨在解决我国发展不平衡不充分的问题，让群众看到变化、得到实惠，真真切切地奔向美好生活。交通建设具备基础性、先导性、服务性，是打破发展桎梏的"硬把式"，是缩小发展差距的重要桥梁，这赋予了交通在探索共富征途上"先行军"的使命。为了全体人民这个崇高的共同梦想，全体交通人，尤其是青年人，都要彰显出答卷者的信心、先行者的雄心、垦荒者的恒心。

　　作为新时代答卷者，要奋力作答这份全域蝶变的畅行答卷。2022年1月8日，我国首条民营控股高铁——杭台高铁正式通车，进一步缩短了沿线地区之间的时空距离，台州到杭州乘坐高铁的时间由2小时缩短至1小时，由此，台州正式加入浙江"1 小时交通圈"，加速融入长三角经济带，解决了制约沿海地区发展的交通难题。在补齐省域交通圈短板后，台州市域也在跑步前进，如优化市域快速路网建设、建成市域铁路 S1 线、提升改造葭沚转盘等，一个工程一次挑战，这都是激扬共同奋斗豪情，潇洒运笔，书写交通共富答卷最好的证明。

作为新时代先行者，要全力勾绘这张大有可为的交通蓝图。"1 小时交通圈"的实现与群众的"获得感、幸福感、安全感"息息相关。"一桥飞架南北，天堑变通途"，联通椒江南北两岸的椒江大桥，经历了两次曲折的融资，攻克了造桥的技术难题，终于实现了椒江两岸的"一小时交通圈"。自此，告别往来危险不便的单一交通方式，告别两岸群众因距离而生的"偏见隔阂"，迎来便捷丰富的人文交流，迎来密切互惠的产业发展。交通圈的建成，是地域融合、外联内畅的"助推剂"，有助于共享人才流、技术流、资金流，为实现共同富裕注入"增强剂"，形成山海共济、优势互补的新格局。

作为新时代垦荒者，要尽力打造这块日新月异的"交通试验田"。交通建设随时代发展不断进阶变迁，交通人需时时警醒，甘做为民服务孺子牛，思民之所需、所想、所求，进一步谋划、完善现代综合交通体系，做质量过硬、群众满意的民心工程、精品工程。重拾大陈岛垦荒精神，不仅苦干而且要巧干，既做艰苦奋斗老黄牛，也要做创新发展拓荒牛，以"摸着石头过河"的智慧联动数字化改革和共同富裕的其他方面，全力直击痛点、破解难点、梳理堵点，加快推进工作，提升交通效能，力争以成果回应群众。

"物有甘苦，尝之者识；道有夷险，履之者知。"共同富裕的愿景非一羽之轻，止于想象，而如玄铁之重，负有千钧。跑赢"1 小时交通圈"的浙江志在必得，已经打通"任督二脉"，摆好场地，搭好台子，等着唱好"共同富裕"这出大戏。每个交通人作为一分子，都鼓足劲儿、坚定不移地扛起大旗、勇当先锋，拿出"逢山开路，遇水架桥"的决心，以铿锵步伐开路"共同富裕"。

宣讲感言：到2022年，台州实现了1小时到达杭州、1小时从台州市区到各个县市区的目标。为了全体人民共同富裕的崇高梦想，全体交通人，尤其是青年人都要彰显出答卷者的信心、先行者的雄心、垦荒者的恒心：作为新时代答卷者奋力作答这份全域蝶变的畅行答卷；作为新时代先行者全力勾绘这张大有可为的交通蓝图；作为新时代垦荒者尽力打造这块日新月异的"交通试验田"。

>>> 临海市新兴村通过"顺天时""应地利""聚人和",二十年如一日走工业强村、美丽兴村之路,终成为"浙里"共同富裕的"乡村样板"

41.从信访大户到共富新村

临海市青年宣讲团　王妙其

　　19年前，台州有一个出了名的信访大户——上金村，也就是今天与下洋水村合并成立的新兴村。当时因为征地的事情，村民怨气冲天，村"两委"班子严重分裂，村民甚至还冲进镇府大院聚众闹事，村书记家的门窗被村民乱扔的石头砸碎，妻子儿女甚至都不敢住在家里。然而，就是这样的一个村子，在不到20年的时间里，从发展的"后进生"蝶变成为全市乡村振兴的"优等生"，接连获得全国乡村治理示范村等十余项荣誉，并成为临海唯一一个入选浙江省首批100个未来乡村建设的试点村。究竟是怎样的共富密码让它产生了如此巨变？

　　密码一：聚"人和"。书记强则班子强，班子强则村庄兴。只有党群齐心，才能迸发出强大能量。我们的村书记郑希云自2005年上任起，便从建强支部、团结"两委"入手，不断增进班子的向心力……十多年来，他带领着村"两委"精心谋划、真抓实干，靠着接连完成数十个民生项目聚拢了人心。2018年，当镇里的重点工程再次涉及村内征地时，郑希云起初觉得压力很大，想起十几年前的冲突事件，这让他几个晚上都睡不好觉，但让人惊喜的是，在不到一个小时的时间里，村民代表便以全票通过了项目。意料之外的顺利，却也在情理之中，这就是基层党支部的凝聚力和号召力。

密码二：应"地利"。在共同富裕的道路上，团结是基础，创富才是关键。那么，如何充分释放村内土地资源的潜力，带领新兴走上工业强村之路呢？2009 年，村"两委"利用 104 国道旁建设用地，同华盛塑业等企业合作，以 20 年使用权免费的条件换取大企业投资近 4000 万元，建成了 22 亩标准厂房。当前，7000 多万元的固定资产将于 2022 年回归村集体经济，预计每年带来近 500 万的租金收入。在"工业强村"理念的指引下，近 10 年来，先后有双马塑业等 5 家规上企业①和 23 家中小微企业落户新兴，村民足不出村，在家门口便可就业增收。就在 2022 年，新兴又盘活 22 亩闲置土地，启动了共富创业创新园的建设，以"国企 + 村集体经济共富"模式带动周边 6 个相对薄弱村共同致富。至此，新兴也真正成为创业带富路上的"领头羊"。

密码三：顺"天时"。从富裕走向美丽，是新兴村所有人的期盼。怀揣着对美丽乡村建设的向往，新兴村顺应天时，主动抓住政策机遇，开展了一次又一次的"美颜行动"，让老村面貌焕然一新。近 5 年来，它先后以"三改一拆"、美丽庭院改造为契机，联合中国美术学院设计团队对整村风貌进行了提升，该项目产生的"链条效应"，累计带动了上千万元的美丽乡村建设资金落户新兴村，一大批基建项目也随之落地，气派的五星级文化礼堂、各具特色的美丽庭院极大地提升了新兴的"颜值"，而文化广场、健身绿道、体育公园更是成为村民们茶余饭后的乐园……"人在景中走，景入画中游，家家住别墅，户户享分红"的美好愿景已经从理想变为现实。

---

① 规上企业是规模以上企业的简称。一般以年产量作为企业规模的标准，国家对不同行业的企业都制订了一个规模要求，达到规模要求的企业就称为规模以上企业。

乘风破浪正当时，勇立潮头敢为先，"顺天时、应地利、聚人和"，这就是新兴村的共富密码。我们坚信，成功必将属于追梦人！

宣讲感言： 当前，在迈向共同富裕新征程中，农村依然是"主战场"。近年来，临海市沿江镇新兴村接连获评全国乡村治理示范村、浙江省美丽乡村特色精品村等十多项省级及以上荣誉。近日，浙江省公布首批100个未来乡村建设试点村，沿江镇新兴村榜上有名。从信访大户到共富新村，新兴村在不到20年时间实现从落后到先进的美丽蝶变，其中蕴含着诸多"新兴"密码，对我省共富高地建设具有重要借鉴意义。

>>> 2021 年 7 月，台州学院建筑工程学院暑期社会实践队成员与椒江区章安街道竹编非遗传承人郑米华合影

42.共富路上

台州学院　李　鑫

提到共同富裕，你会想到什么？

对于我，脑海里出现的是《礼记》中的"老有所终，壮有所用，幼有所长，鳏、寡、孤、独、废疾者，皆有所养，男有分，女有归"，和《共产党宣言》里的"任何人都没有特殊的活动范围，而是都可以在任何部门内发展，社会调节着整个生产，因而使我有可能随自己兴趣今天干这事，明天干那事"。我们仿佛能够直观地感受到，那种安定祥和的氛围，每个人都被很好地关心照顾，都能发挥出最大的才能和作用。

中国共产党始终鲜明地把实现共同富裕作为一个政党自身的初心和使命。早在 1985 年 3 月的全国科技工作会议上，邓小平就强调实现共同富裕是社会主义的目的，指出"社会主义的目的就是要全国人民共同富裕，不是两极分化"。

习近平总书记指出，"共同富裕是社会主义的本质要求，是人民群众的共同期盼。我们推动经济社会发展，归根结底是要实现全体人民共同富裕"。党的十九届五中全会提出了"全体人民共同富裕取得更为明显的实质性进展"的目标。"共同富裕"又一次成为热点话题，大家争相讨论，抒发着对美好生活的期盼。2021 年 5 月 20 日，中共中央、国务院印发《关于支持浙江高质量发展建设共同富裕示范区的意见》。浙江，再次成为焦点，浙江人追求美好生活的热情再次被点燃。

那么，乘着共富梦的春风，我又能做些什么呢？ 2021 年暑假，已经成为青年教师的我，带着我的学生们组织了一次社会调研活动。围绕探索发掘身边的共富故事和助力古建保护工作，我们来到了椒江区章安老街。深入老街，感受到的是古韵和非物质文化遗产的强大魅力；对话共富，体会到的是人民对未来的无限憧憬。

烈日下，行走在老街上，两旁的建筑遮挡了一部分阳光，让感受到的历史之美多了一丝惬意。走进一间房子，满眼的竹编作品栩栩如生。非遗传承人大概六十来岁，头发花白，穿着朴素，坐在门口的椅子上笑容满面地看着我们。

"我十几岁就开始学这个，现在也在教小朋友，这手艺是要传承的。""现在日子好起来了，作品样式也丰富了，对我是考验，我也都在不断学习。""我的好几件作品都是拿奖的。这里摆着的都是我自己设计制作的，有几件作品挺花时间的。""老街越来越好，我就想把对家乡的热爱融于这些竹编作品中，永远留存下这些记忆。"老人自豪地向我们传达着对生活和这门手艺的感恩。简单的对话里呈现的，都是幸福生活最美好的画面。

在这个夏天的美好画面里，还有争相盛开的荷花、满眼金黄的水稻、亭下闲谈的老人、路边嬉闹的孩童和眼前专注讨论的学生们。那一刻，作为一名高校思政工作者和青年理论宣讲员，心中那种说不出的自豪感喷薄而出，因为这伟大的时代，也因为眼前所有的幸福美好的生活画面。我想，我能做的，就是牢记立德树人的初心和使命，加倍努力地做好本职工作，加倍用心地讲好共富故事。

　　那一刻,我也更加能够理解"共同富裕具有鲜明的时代特征和中国特色"的含义,也更加能体会"全体人民通过辛勤劳动和相互帮助,普遍达到生活富裕富足、精神自信自强、环境宜居宜业、社会和谐和睦、公共服务普及普惠,实现人的全面发展和社会全面进步,共享改革发展成果和幸福美好生活"①的重要意义。

宣讲感言:理论宣讲对我而言是一项极其光荣的使命,能参与其中让我倍感自豪。一段时间以来,我不断探索宣讲形式,推敲宣讲文稿,以最饱满的情感投入每次宣讲中。幸运的是,我能用自己的视角讲述伟大祖国的发展故事;欣慰的是,我的理论宣讲能让越来越多的年轻人愿意听,并且听得进去;感动的是,许多老党员会在宣讲活动结束后向我竖起大拇指。

　　"一代人有一代人的际遇,一代青年有一代青年的使命。"作为青年理论宣讲员和青年教师,我将牢记总书记的教诲和"为党育人,为国育才"的初心使命,扎实勤奋地做好本职工作,继续探索挖掘身边的榜样典型和共富故事,团结带领广大青年学生踔厉奋发、笃行不怠,以青春之我为实现中华民族伟大复兴中国梦贡献力量。

---

① 光明网,共同富裕的实现路径,2021-09-19。

>>> 天下龙泉

43.我们，向往的共同富裕是什么？

龙泉市兰巨乡　邬广艳

"共同富裕在路上，人民心中有向往……"

2021 年建党 100 周年晚会上，一首《人民的向往》传遍大街小巷，也唱进了每一个人心里。电视机前的我感慨万千。

我不禁在想，当首个共同富裕示范区落地浙江，会给我们的生活带来什么变化？我们期盼的共同富裕是什么？

今天我将用亲身经历的三个故事来讲述，我们向往的共同富裕是什么。

第一个故事："一通电话"的惊喜交集

"婶儿，真的太好了，去年咱家光伏发电收益了 7 万多元呢……"今年春节的一通电话拉开了回忆的闸门，电话的另一端是表姑，她兴奋地在向奶奶报喜。

"好，真的是太好了，苦日子真的过去了。"奶奶回忆起以前在紧水滩吃不饱穿不暖，一双尼龙袜缝缝补补，拖着孩子下地插秧，冒大雨上屋顶盖茅草，几颗野果子便能让心里乐开花的日子湿了眼眶。而如今，一项项移民政策让村民下了山脱了贫，养老政策也越来越好……

是啊，2021 年以来省委、省政府多项措施并举，打造共同富裕示范区建设，幸福的阳光逐渐照进移民村，从泥泞不堪的黄泥路到宽阔整洁的通庄大道；从捉襟见肘的日子到光伏发电开始"有了盼头"，增收致富的大门缓缓拉开。

当"我"是个紧水滩移民时，我想，共同富裕就是一张张因衣食无忧、生活富裕而咧开嘴的笑脸。

我见证着生活翻天覆地的变化，但我也深知这背后的艰辛与不易。成为一名乡镇干部后，我无数次在想，共同富裕，它是什么？也许，最好的答案就藏在我的第二个故事里。

第二个故事："半斤泥土"的实干担当

"政策处理这块我熟，我要继续干。"63 岁的乡干部吴火林听闻生态产业平台将在家乡兰巨乡打造，二话不说请求加入征收测量队伍。

山林地势高，蜿蜒的小路早已被肆意生长的茅草重重包围，常常需要边走边劈开荆棘才能看清前方的路。一场场冬雨，让这位风湿严重的老干部的测量工作又难了，但火林叔从没放弃，拄着树拐爬山坡、下水田，泥泞的洼地里留下了一个个清晰又沉重的脚印。还没来得及换下那双沾满泥土的雨鞋，他便又坐在农户家里调处矛盾纠纷，为一段段征收计划建言献策。

这位党龄 40 年的老党员用"我就是要干到干不动为止"，彰显着退休不褪色的担当，更用他的双脚在这片土地上传递着对家乡的热爱。

正是这样的挺进姿态，让兰巨乡仅用 50 余天，便高效完成 776 户 6459 余亩的测量工作，让一个生态产业创新平台，从蓝图变实战，驱动龙泉攻坚步伐。

当"我"是个乡镇团队时，我想，共同富裕就是用实干担当抢抓机遇，乘势而上，走出一条山区县高质量跨越发展之路。

共同富裕从一个村，走向一个乡，再走到一座城，它还将走向哪里？我将带大家走进最后一个故事：I'm so surprise。

第三个故事：I'm so surprise 体现的品质发展

晚上 10 点，龙泉市留槎洲依旧人潮涌动，"天下龙泉·风华宋韵"的沉浸式演出吸引了无数老老少少。嘈杂喧闹中一句"surprise"清晰地窜进了我的耳朵里，两位国际友人比画着双手激动畅谈着感受。

无人机表演、现代青瓷元素、独一无二的灯光特效……龙泉市正以更富朝气、更加年轻、更具创新的姿态走向未来。从瓯江两岸绿道修建到西街、城市会客厅成为文艺新地标；从免费图书馆到自助城市书房，一处处文化景观生动描述着共同富裕不仅需要物质富裕更意味着精神丰盈。而我也慢慢地从向往大城市的生活转向热爱这座小城。

当"我"是座"品质"名城时，我想共同富裕就是剑瓷品质，有着极致匠心的文化润泽和精神引领。

征途漫漫，打造品质龙泉实现共同富裕的重担落在我们每一个人的肩上。这让我想起了那句耳熟能详的歌词，"年轻的朋友们我们来相会，这美妙的春光属于谁，属于我属于你"。

作为一名 90 后干部，我将心怀热爱，肩负信念，用责任与担当传递奋斗最强音，让共同富裕的哨子在浙西南的大地上声声有回响。

宣讲感言： "共同富裕在路上，人民心中有向往。"

几千年前《诗经》里"民亦劳止，汔可小康"的轻轻吟唱变成了现实，人民对美好生活有了很多的期待。共同富裕，它是什么？我想共同富裕让我们动容的是老百姓那一张张衣食无忧、生活富裕下咧开嘴的笑脸，是一位位干部用实干担当抢抓机遇，乘势而上创造更多富民增收的可能，更是一座城市的文化润泽和精神引领。

>>> 庆元县党员干部在田间地头开展技能学习比拼

44.努力干出浙西南山区共富的新样子

庆元县委宣传部　张成志

　　历史的车轮滚滚向前，时代的潮流浩浩荡荡。在这样一个大变革、大发展的时代背景下，任何一个地域的发展都充满机遇，也都面临着亟需攻坚破难的诸多议题。纵观历史，浙西南山区庆元县曾实现过诸多辉煌，把"香菇的世界"变成"世界的香菇"，把"一双筷子、一支铅笔、一扇木门"做成在全国甚至全球都有影响力的产业，但随着区域竞争日趋激烈，山区经济发展也面临着诸多亟待解决的难题。共同富裕道路上一个也不能少，作为浙江山区 26 县之一的庆元县，更应担当作为，比拼争先，奋力推进跨越式高质量发展，奋力干出山区共富的新样子。

　　思想上要变革破冰，才能突破发展桎梏。解放思想是推动一切工作的"总基石"，没有思想的大解放，就没有作风的大转变，更没有发展的大跨越。深圳由"闯"起步，在短短 40 余年时间里，就实现了由一座落后的小渔村到具有全球影响力的国际化大都市的历史性跨越，这样的发展奇迹背后，是思想争先、创造机遇的生动缩影。事实证明，任何改革发展时期的难题都是"纸老虎"，只要敢于突破思想的固化，敢于在思想上超前一步，想他人不敢想、做他人不敢做、争他人不敢争，全体领导干部团结一心抓发展，广大党员群众齐参与凝聚实力，就一定能找到庆元破难攻坚的方法和举措，也一定能再度续写庆元发展史上的辉煌。

行动上要唯实唯新，才能实现赶超跨越。光说不练假把式，起而行之方显真。面对全省高质量发展建设共同富裕示范区的重要战略，庆元已经先人一步获得山区 26 县 7 个重点县的政策支持，百山祖国家公园也有望获得中央第二批国家公园命名，对庆元来说，这是可以载入庆元史册的重大机遇。而就在这一关键性节点，庆元县委也明确提出了"争当共同富裕示范区建设的山区范例"这一坚定的发展目标，于年轻干部来说，接下来就只有一个字"干"，脚踏实地干、创新争先干、快马加鞭干，干出庆元的新面貌、新气象、新飞跃。要通过建立可量可比的赛马机制，把干部干事的结果晒出来，让不干事、干事慢的干部接受监督，以此激活庆元干部干事创业的精气神，彻底推翻"只求不倒数"的事业追求，倒逼干部在争先机中开新局，在争政策中谋新篇，在争试点中育新机。

导向上要大胆坚决，才能激发干事热情。事业兴衰，唯在用人；用人之要，重在导向。导向对了，就能凝心聚力，从源头上激扬清风正气；导向不对，则会人心涣散，从源头上滋生歪风邪气。我们必须要建立一套透明公平的用人导向，为想干事、会干事、干成事的干部撑腰，让奋斗的人看到奋斗的希望，让躺平的人没有躺的条件。只有这样，干部才能真正拧成一股绳，部门与部门之间才能有效打通壁垒，群众才会自觉主动融入与地方党委政府一同发展家乡的伟大征程中去。此外，还需要充分发挥考核指挥棒的作用，考出压力、考出动力，把大家的干劲调动起来，把发展的活力激发出来。通过严格的考核，真正把突破发展掣肘的决心目标考出来，把立足争先的发展举措考出来，把跨越发展的干劲激情考出来。充分运用考核结果，既要给进步者鼓励，也要给落后者"鞭打"，据此做好奖惩任免的文章，让干部考核的结果与选拔任用充分结合。

宣讲感言：理论宣讲工作应深化宣讲需求导向，从"我来讲"到"你要听"，坚持"到什么山唱什么歌，见什么人讲什么话"。在本次县里中青年培训班的宣讲中，我从县委2022年"六争比拼勇当猛虎"主题活动的逻辑起点出发，从思想争先、行动为实、导向为要三个方面，讲述庆元县争当高质量发展建设共同富裕示范区山区范例的可行性路径，有效激发了中青年群体的广泛探讨，并在分析探索中，进一步论证了"思想争先"应该置于突破山区桎梏发展中的第一命题。这也让我深感，理论工作应该有理论工作的样子，在达到大众化的同时，也需葆有真理味。

第 **2** 编

>>> 浙江援疆教师在阿克苏市开展"援疆第一课"幼儿教学活动

1."浙·疆"携手奔共富

浙江理工大学　张海航

我想先问大家一个问题：你知道新疆离浙江有多远吗？

答案是 4000 公里。坐飞机要五个半小时，坐火车要三天两夜。我想跟大家分享我所知道的浙江支援新疆，两江（疆）一起奔向共同富裕的故事。

"教育是把火炬点燃"——教育援疆，点燃希望

2011 年，我 15 岁，以石河子市全市第一的成绩考上了新疆内地高中班。这是一项选拔新疆优秀应届初中毕业生，来到中、东部发达地区就读高中的国家教育政策。在"内高班"读书的时光幸福而美好，我接受了最为优质的教育，收获了珍贵的师生情谊。后来，我在浙江大学取得硕士学位，受到成长过程遇到的好老师们的感召，选择了从事教育工作。

苏格拉底曾说，"教育是把火炬点燃"，如果说"内高班"的学生来到内地是在"追寻"希望的火光，那么援疆教师就是举起火炬照亮新疆孩童的心灵。

2012 年，已经 50 多岁的宁波市镇海中学原副校长姚仁汉主动请愿，

来到新疆库车县二中（现库车市二中），成为一名援疆教师。援疆的每一天，他都非常充实：将一桶桶矿泉水搬到 3 楼的教室，领着家境不好的孩子到食堂吃饭，给学习成绩不好的学生补课……姚老师的真心付出和真情融入打动人心。援疆期满，离别之际，孩子们围住他依依不舍，久久不愿散去，于是他再度请缨，二度援疆。而后来，当姚老师去世的噩耗传到新疆，库车二中的师生们泣不成声，在唁文中写下这样一句："人生有幸，在最好的年纪遇上最好的老师。"

近年来，数以万计的援疆教师舍弃繁荣、远离亲友、不辞辛劳，来到新疆支教，带动和培训当地教师，帮助新疆整体提升教育发展水平。他们用实际行动践行习近平总书记赋予浙江"干在实处、走在前列、勇立潮头"的期望，浙江省始终是选派援疆教师人数较多的省份之一。

"像石榴籽那样紧紧抱在一起"——对口援疆，硕果累累

小时候，我最害怕听到的一句话是"来自西伯利亚的寒流即将入境……"这句话意味着新疆即将进入寒冬，寒冬意味着狂风暴雪、交通不便、收入锐减。但是如今全国 19 省市开始对口支援新疆，各族儿女努力勤劳致富，许许多多的人付出宝贵的时间、精力，甚至生命。

2015 年的一个夏夜，来自浙江省湖州市的援疆干部黄群超，倒在了援疆岗位上，由于长期劳作心脏病突发，他的生命定格在了 47 岁。湖羊发展中心、红枣园、防风林……黄群超的骨灰一半留在柯坪，一半随家人回到故乡。他勤恳敬业，忙起来经常废寝忘食，饿了就在路边买个馕随便对付几口，累了就睡两个小时爬起来继续工作。他曾在日记本里留下这样的期待："来的时候是一粒种子，离别的时候要满园硕果。"

正是在包括浙江在内的全国各个省市的大力支援下，我的家乡发生了巨变——从气候恶劣，到生态宜居；从人均年收入低于 1000 元，增长到

10770 元；从网络不通，到通上的"大网电"点亮了位于帕米尔高原上的峡谷村庄……这是全国人民齐心扶贫、扶智的累累硕果，是全面打赢脱贫攻坚战的胜利号角。

结　语

一年又一年，内高班和援疆教师培养的学生们长大了——我的学长艾克热木博士毕业后成为一名医生，疫情防控期间，他坚守在抗疫第一线；米涛毕业后成为一名乡村选调生，他毅然留在基层，建设家乡。他们成为律师、记者、警察、工程师……奋斗在社会主义建设的各个岗位，而他们身后还有无数少年人，正在不断汲取能量、蓄势待发。

习近平总书记指出，"东西部扶贫协作和对口支援，是推动区域协调发展、协同发展、共同发展的大战略，是加强区域合作、优化产业布局、拓展对内对外开放新空间的大布局，是实现先富帮后富、最终实现共同富裕目标的大举措"[①]。回顾新中国成立以来新疆发展和浙江援疆的历程，我们经过了漫长艰苦的生产建设时期，经历了合作共赢的东西部扶贫协作时期，打赢了脱贫攻坚战，走向了共同富裕之路。在未来，浙江将继续携手新疆，跑出共同富裕的加速度。

情满援疆路，共富向未来。

[①] 　引自习近平《在东西部扶贫协作座谈会上的讲话》一文。

>>> 深入基层调研，聆听共富故事

2.走进衙前农运，追寻共富梦想

杭州师范大学　周凌滢

追忆农运往事，倾诉共富梦想。大家好，我是杭州青年说的宣讲员周凌滢。

从小我就听老家萧山流传着这么一句话："凤凰山下飞出金凤凰。"凤凰山就是那座山，山下有个凤凰村。

慢慢长大，我知道了凤凰村是省级现代化共同富裕示范村，知道了发轫于凤凰山下的那一场轰轰烈烈的衙前农民运动，知道了革命先烈李成虎，他始终将群众的安危冷暖记在心间。他在农民运动中发出的"有要大家有，好要大家好"的呐喊，响彻中华大地。

2020 年，我成为杭州师范大学历史学系的一名学生，后又成了杭州师范大学与衙前农村小学校组建的"映山红"口述史团队中的一员。2021 年暑期，我们走访了衙前农民运动的知情者和衙前农村小学校的校友及教职工一百余人，整理所得采访稿七万余字。

接受采访的大多是年逾古稀的老人，他们是时代变迁真正的见证者。最朴素的萧山农人，讲述自己最朴素的生活经历，从住茅草屋、吃不饱、穿不暖，到今天的幸福美好，他们用最朴素的话语掀开了一场场波澜壮阔的时代发展历程。

采访中，我们遇到了衙前的传奇人物——"千亿老总"邱建林，随着他的娓娓道来，新时代的共富画卷也在我们眼前缓缓展开。28岁以前的他，养过珍珠、办过珍珠饰品加工厂、搞过纺织厂。1991年，受衙前镇党委、政府的委托，邱建林成为当时离破产只有一口气的萧山色织厂的新厂长。据他回忆，当时他收入不错，可以安稳过小日子，但想到厂里两百多名面临下岗的工人，为了老百姓的钱袋子，他要拼一拼。一年后，工厂奇迹般扭亏为盈，之后，浙江恒逸集团有限公司在原厂基础上成立，企业顺利做大做强。从两百多名员工，到两万多名员工；从只有几台简陋手工袜机的地方工厂，到重资产、高精尖的石化化纤企业，恒逸集团的发展历程，是时代大变局的一道缩影，为老百姓同奔共富路增添了鲜亮的底色。企业的浴火重生，是衙前农民运动的精神一直激励着衙前乃至萧山广大干部群众奋勇向前的最好证明。

忆百年峥嵘，筑时代芳华。登上凤凰山，远眺萧山大地，一个个村落别样精致，一家家企业星罗棋布，一条条道路车水马龙。富庶凤凰村、韵味欢潭村、秀美东山村，还有习近平总书记千万工程建设思想的萌发地梅林村，她们承载了历史，又肩负着希望；她们让人亲近自然，又与时尚接轨，共同创造着浙江作为共同富裕示范区建设的伟大奇迹。

忆往昔，李成虎"有要大家有；好要大家好"的呐喊犹在耳畔，那是一位农人最朴素的共富愿景。看今朝，萧山人发扬"敢为人先、永不满足"的农运精神，前赴后继、奋勇争先，奋力达成李成虎百年前的愿望，打造共同富裕镇域样板。

奔竞不息，勇立潮头，我有幸生在这个大时代！我们要弘扬农运精神，传承红色文明，为共富接续力量，让钱江潮头飞出更多更美的金凤凰。我希冀着"农运红"漫山遍野，期盼着"共富梦"圆满实现。

>>> 童眼看西湖，教育共富筑梦美好童年

3.教育共富，逐梦"美好"

杭州市行知第二小学　金晓莹

　　美好是什么？教育如何助力共富呢？百姓期待的美好教育又是什么样的呢？

　　2013 年，我大学毕业，来到杭州求职。走进行知第二小学（简称行知二小），新落成的校舍一下子吸引了我的注意，就这样，我递交了人生的第一份简历。

　　那时的我，觉得能来行知小学，是一件非常"美好"的事。校园环境"美"，社会声誉"好"，地处城区，头顶名校光环，又有西湖教育"金名片"的加持，令人心向往之。

　　这，似乎就是那时的我，对"美好教育"的全部认知。说起西湖教育，老百姓对于"学军""文三""求是""保实"这些名校老品牌总能如数家珍。但事实并非如此，我了解到即使在基础教育如此发达的西湖区，也有偏远落后的薄弱学校。比如蒋村、三墩、双浦等地区，还存在一定数量的薄弱学校。这么多可爱的孩子啊，他们同样有着智慧和热情，有着同样被关心爱护的权利；多么幸福的孩子啊，他们应该一样享有平等的机会和资源，有着一样享受公平教育的权利。我心中的美好第一次受到强烈的冲击。

渐渐地,我发现西湖区在实行名校集团化办学举措,这给了薄弱地区孩子一个享受美好教育的机会。而我所在的学校也启动了集团化办学。行知第二小学在蒋村板块全新亮相,需要老师的加盟,于是我主动报名加入。当我来到行知二小,望着班里同学们那一张张稚嫩的脸庞,忽然热泪盈眶。我的内心再次受到了冲击,这不正是教育领域的共同富裕吗?

在行知第二小学这一年的经历,刷新了我对"美好教育"的认识。美好教育,"美"在百花齐放,"好"在优质均衡。现如今,学军小学之江校区、文三教育集团定山校区、求是教育集团之江第二小学、闻裕顺之江幼儿园这些名校领办的新校也逐渐进入了大众视野,转塘、双浦、龙坞等片区的教育短板正在补齐,之江板块的优质教育资源不断扩大、不断刷新纪录。这里的老百姓,真正享受到了"优质教育就在家门口"。

美好教育,"美"在乐于奉献,"好"在幸福成长。比如行知小学的虞小东老师就是其中一个。2019年接到西湖区教育局的调令,他被安排去周浦小学工作。从市中心的名校到郊区小学工作,他付出了巨大的努力。那一年,他的儿子就要在行知小学读一年级了,作为父亲理应陪伴他成长。但是,一想到双浦地区是西湖区的边缘片,也是自己的老家,此时家乡的教育事业需要他,那里有更多的孩子在等着他……家住三墩的他义无反顾地选择奔赴双浦。从西湖区最北的三墩到最南的周浦,三年来,虞老师在绕城线上风雨兼程,夜以继日,用脚步丈量西湖教育的半径。

像这样舍小家为大家,少陪伴自己的孩子,多关心农村的孩子已经成为西湖教师们的一种自觉行动。西湖区每年都会有100多位老师奔赴农村、山区、西部,投身到支教大军中,把优质的教育传递到祖国需要的地方。

时光煮雨,岁月缝花。何其有幸,生长在西湖区这片热土,无数前行者怀揣理想、心存情怀、脚踏实地,无数后来人继往开来、奋进求是、谱写新篇。一年又一年，我们耕耘它、推动它、发展它，在奔流不息的时光长河中，在走向教育"共富"的征途中，贡献我们的青春力量，在最好的时代，谱写最美的教育！

>>> 传承"建设人民满意地铁"信仰宗旨，为共富之路提速——杭州地铁 16 号线（杭州至临安城际铁路）

4.助力共同富裕，贡献地铁力量

杭州地铁集团有限责任公司　潘俊杰

今天，我们一起来看看轨道线网上的共同富裕！

执卷新蓝图，阔步新征程。杭州勇立潮头、阔步向前，率先构建推进共同富裕体制机制。而轨道交通就是城市发展的引擎，助力杭州争当浙江高质量发展建设共同富裕示范区城市范例。打造"轨道上的杭州"，是杭州地铁自诞生之日起就铭记于心的使命。从 2012 年 11 月 24 日杭州地铁 1 号线开通，到 2015 年 2 月 2 日 4 号线首通段开通初步成网，再到线网覆盖十城区，地铁线路已不仅仅是杭州的交通线、民生线，还是杭州发展的旅游线、经济线，更是杭州助推浙江打造"重要窗口"的亚运线和国际线。杭州地铁跨越式的发展，正在为提升人民群众获得感、幸福感持续输出能量，为高质量发展建设"共同富裕示范区"织就锦绣蓝图。一代又一代的杭州地铁人正以敢于战斗、勇克难关的昂扬斗志为杭州的城市轨道交通事业努力奋斗，在每一个平凡的岗位上，用拼搏和奉献，继续谱写建设新天堂、推进共富裕的青春之歌。

筑就畅行之道，助力品质之城，这是杭铁人对杭城的承诺。而这份承诺对所有正在进行开荒筹备工作的杭铁人来说，更是一份期许。2022年1月26日，地铁19号线，也就是我们常说的机场快线，首列电客车顺利抵达了靖江停车场。每当一辆新电客车的车厢分批抵达段场后，都只能用人力将每一节车厢推到相应的股道上，才能完成后续的连挂工作，从而使之成为一辆完整的电客车。19号线A型车是所有型号的电客车中最重的一种，一节车厢就将近40吨，6节车厢总计231.04吨的重量。从1号线到19号线，从B型车到更加宽敞的A型车，从202吨到231.04吨，变化的是更加宽敞舒适的车厢，始终不变的，是杭铁人努力打造人民满意地铁的坚定信念。

随着轨道交通的蓬勃发展，杭州已从"西湖时代""钱塘江时代"中逐步走出，大力迈向"大杭州时代"。杭州的发展以西湖、钱塘江两岸为中心，向四周发散，连接副城，轨道交通在东、南、西、北4个方向均有布局，打通了城市主动脉，畅通了杭州大循环，城市发展和地铁建设进一步"无缝衔接"。城市骨架的不断向外伸展，也让杭州市民感受到共同富裕示范区给日常生活带来切实的便利感与幸福感。

2022年2月21日，地铁3号线、4号线2期，以及10号线同时开通运营。至此，在11条轨道线路的加持下，杭州城西和城东结束了"异地恋"，丁桥、勾庄、三墩、半山的市民出行更为便捷。

我的同事，一位在丁桥买房的东北姑娘尚容自从在丁桥买了房，眼看着丁桥一点点繁荣起来，出行也一点点拥堵起来。"丁桥人民真的太盼望3号线了，坐公交上班经常遇到堵车，如果打车到单位最少也要40块钱。地铁可是我们出行的终极期待了。"像她一样对地铁有着高度渴望的，还有住在亲亲家园的陈维。作为一个在钱江新城上班的都市白领，在4号线二期没开通前，陈维虽然可以全地铁通勤，但需要先搭乘2号线再换乘4号线。2月21日之后，尚容不必再担心早高峰堵车，还节约下30分钟时间。4号线二期的到来，也让陈维上班无需换乘，一条线路直达。进退通达道，远近过逍遥，越来越多的市民出行越来越便捷，便捷的交通提升了群众的获得感、幸福感。

从0条到11条穿梭的地铁线路，从0公里到419公里的运营里程，从0人到日均270万人次的载客量，杭州地铁用20年的时间为这座华美之城织就了一张迅捷的地下快网。一张去往城市各个角落的车票，一座不断蝶变的城市，织起来的四通八达，通往我们每一个人梦想的道路。大交通引领大发展，高质量助推共同富裕。我坚信，担负杭城轨道交通运营使命的杭铁青年们必将以干事的激情、创业的热情和攻坚的豪情，为大杭州赋能，为共同富裕提速，为谱写"奋进新时代、建设新天堂"的壮丽篇章贡献地铁力量！

>>> 浙商助力脱贫攻坚战，杭州市娃哈哈集团援建四川省雅安市宝兴县的爱心桥

5.与共同富裕同行

杭州娃哈哈集团　陈蕾竹

有人问，为什么要选择浙江作为共同富裕示范区？

答案可能有很多，今天我想告诉大家我心中的答案，也和大家分享"娃哈哈"和共同富裕同行的故事。

1987年，趁着改革开放的东风，娃哈哈创始人宗庆后承包了杭州上城区一家校办企业，开始了创业之路。一年后，他推出了儿童营养液"娃哈哈"，这三个字也随之风靡全国。1991年，刚成立四年的娃哈哈兼并了连续亏损三年的老牌国有企业杭州罐头厂。刚兼并时，杭罐厂老员工并不买账，先不说在新中国历史上没有私营兼并国有的先例，更重要的是杭罐厂的职工压根不相信被兼并后，能有什么质的变化。当时宗庆后提出杭罐厂要在一个月内建一条新的生产线，老杭罐厂的车间主任陈刚强打心眼里认为压根做不到。但一个月后的现实却让陈刚强和很多杭罐厂的职工在思想上开始破防，明白业精于勤的道理。随着娃哈哈业绩的攀升，陈刚强的工资在一年内从20元涨到了300元，住房也从12平的单身公寓换成了56平的两室一厅，要知道当时杭州的人均月工资才150多元，300元的月收入，

在当时那是一个妥妥的白领，这让陈刚强有了一份强烈的幸福感。同时，这次兼并成功的创举也成为改革开放历史上具有重要意义的一件大事。

从中国第一批民营企业，到如今的数字化改革，"敢为天下先"的魄力让浙江一直走在改革的最前列！

娃哈哈作为得益于改革开放发展起来的民营企业，从来没有忘记自己身上的社会责任。成立35年来，在党的领导下，娃哈哈始终秉持"产业报国、泽被社会"的发展理念，探索出了一条产业振兴的共富之路。20世纪90年代中叶，国家实施西部大开发战略，当时，位于三峡库区的三家国有企业陷入破产边缘。为响应国家政策，也为了拓展国内市场，1994年，娃哈哈决定对口支援涪陵，并打算从兼并这三家特困企业入手，着手实施"西进"计划。但理想很丰满，现实很骨感，公司22人的团队一番考察，直接列出了交通不便、设备简陋等一堆不利条件，并以21：1的投票结果否定了宗庆后的想法。是义无反顾"西进"，还是回杭州保守发展？此时的宗庆后也有过犹豫。但作为一名共产党员，要有一份支援国家建设的责任，思量再三，他力排众议，敲定在涪陵投资建厂。在与当地政府签约当天，宗庆后对他们说："作为投资人我慎之又慎，但我坚持一条原则：别让西部吃亏。"如今，娃哈哈涪陵分公司实现了企业与地方经济发展的共赢。

作为经济发达省份，浙江一直秉持造血帮扶、合作共赢的发展之路，这也是浙江成为共同富裕示范区省份的重要原因。

共同富裕是人民群众的共同企盼，党的十八大以来，习近平总书记关于共同富裕做出了一系列重要论述。

"党中央有号令，浙江见行动！"

你看，"先富带后富"！浙江在东西部扶贫协作久久为功，对口帮扶的四川、贵州、湖北、吉林4省80个贫困县全部脱贫摘帽！

你看，"先富带后富"！浙江山海协作正迭代升级，山区26县将实现跨越式高质量发展。

你看，"先富带后富"！浙江有礼正凝聚起磅礴的力量，推动人民精神生活的共同富裕。

这，就是浙江！

曾经的一个个创业故事，积淀了浙江人敢为人先携手共富的集体记忆，牵系一代代人的激情梦想。而现在，在建设共同富裕的新征途上，我们青年一代将接过艰苦奋斗的接力棒，汇聚成新时代中国昂扬奋进的洪流，与共同富裕同行，在奋力谱写共同富裕新篇章中放飞青春梦想，贡献青春力量！

>>> "民情直通路"：为社区与居民架起连心桥

6.共富路上的人民立场

宁波市鄞州区"鄞铃"新时代理论宣讲团　张紫阳

习近平总书记指出："江山就是人民、人民就是江山，打江山、守江山，守的是人民的心。"[①] 今天我想讲一讲我的故事和我理解的人民立场。

创业路：共产党来了，我分到地了

"人人那个都说哎，沂蒙山好！"如果你听过这首经典的山东民歌，那你一定知道我的家乡——沂蒙山区。这首《沂蒙山小调》诞生于山东临沂费县的小山村，展现了抗日战争时期党和人民水乳交融的鱼水之情。我曾问过家乡的老人，为什么拥护共产党，他说："共产党来了，给俺分了地，不用挨饿了。"在山东这片土地上，拥党拥军的故事有很多。

陈毅元帅曾说："淮海战役的胜利，是人民群众用小车推出来的。"这种独轮车由于车身较矮且只有一个轮子，整个人要略躬下身子用全身的力量控制平衡，走起来要保持一定的速度不能停，否则容易侧翻。"华东

---

① 　引自习近平《在庆祝中国共产党成立100周年大会上的讲话》一文。

支前英雄"唐和恩就是推着这样的独轮车带领运粮小分队，走过山东、河南、江苏、安徽4省88个村镇，跋山涉水、昼夜兼程几千公里，把一车车粮食、弹药送上前线，再把一批批伤员转送后方。据不完全统计，淮海战役中，山东地区支前民工共出动88万辆大小车辆，向前线运送原粮2亿多公斤。

在创业路上，党把人民利益放在第一位，为人民谋解放，人民就跟党走。紧紧依靠人民，就是人民立场。

致富路：向往的小康

2021年我来到宁波鄞州工作，从革命老区到改革先行区，走访了城杨村，见到了致富路上党和人民心手相牵的生动故事。

初入城杨村，我便被路口的一家咖啡馆吸引了，店名叫"你好鸭"。小店不大，不定时营业，店内醒目地贴着"这是一家咖啡店，特色是豆腐串"，想来是个有趣的老板。据说店铺是老板自己家的民房，经过改造后摇身一变成为网红咖啡馆。深入参观，还看到许多就地取材、改造的艺术民居，还有铁皮石斛和花木产业基地，一派欣欣向荣的新农村景象。直到走进展览馆，我才知道城杨村以前竟是个贫困村，正是党和政府的好政策，城杨的乡村经济才有所改善。2020年，中国人民大学丛志强教授应邀来到城杨村，通过艺术微改造打造国际旅游村。在政府、企业的共同努力下，村民从旁观者变成参与者，纷纷改造起自己的民房和田地，城杨村面貌一新。过去的城杨村，老屋破败，环境脏乱；如今的城杨村，诗画天堂，养生福地。过去的城杨村，经济薄弱，人丁单薄；如今的城杨村，产业兴旺，游人如织。

这真是，古村惊艳巨变，村民共赴小康。

共富路，我来了

如果你来到宁波四眼碶小学的门口，会看到一条长120米的"樱花大道"，路面上用鲜艳的颜料绘出立体效果的樱花图案，与道路尽头的彩虹桥以及河对岸的樱花公园景观相融。你会看到孩子们兴奋地走在这条"最美上学路"上，接送规则清晰地画在路面上，既缓解了学校门口接送拥堵问题，又美化了校园周边的城市景观。这样的"最美上学路"我们已经打造了 28 条，是综合行政执法人创新工作方法、切实为群众办实事、提升城市文明的重要举措。民之所盼，政之所向。新时代人民对美好生活的向往不仅在物质文化上，也在环境、法治等方面提出了新的更高要求，这就需要我们始终谋在前面、干在前面。舒心就医路、民情直通路、甬爱 e 家、主题公厕等一大批民生项目不断涌现。

共富路，是人民对美好生活向往的幸福之路。

从艰辛创业到拼搏致富再到创新服务，紧紧依靠人民，时时为了人民，牢牢普惠人民，这就是我理解的共富路上的人民立场。从革命老区来到改革先行区，如今又走在共富路上，我感到无比的自豪和激动。作为青年人，我愿扎根基层、服务人民，为共同富裕示范区建设贡献自己的力量。

>>> 横坎头村村委会

7.家书暖人心，踏上新征程

余姚市"舜江青语"理论宣讲联盟　黄徐洁

2018 年 2 月 28 日，习近平总书记给我们村全体党员回信，信中写道："办好农村的事情，实现乡村振兴，基层党组织必须坚强，党员队伍必须过硬。"[①] 三年多来，"两个必须"的指示一直牢牢记在我们心里。

两封信，暖人心

从梁家河村的七年知青生活开始，习近平总书记就与革命老区结下了深厚的情谊。以横坎头村为中心的浙东革命根据地是全国十九块抗日根据地之一，也是习近平总书记心系的红土地。

2003 年 1 月 29 日，春节前夕，刚刚担任省委书记的习近平，怀着对老区人民的深厚情谊来到横坎头村，不仅详细听取了汇报，还亲切慰问了三老人员[②]，他说："这次老区之行，不仅是一次调查研究，更是一次深刻

---

① 引自习近平《中央农村工作会议在北京举行习近平作重要讲话》一文。
② 三老人员：指的是新中国成立前入党的农村老党员、老游击队员和老交通员。

的革命传统教育。只有老区人民富裕了，才谈得上浙江人民的共同富裕。"临别前，他还深情地对乡亲们说，这个地方，我以后，还会再来的！书记高瞻远瞩，他的这些话，对于当前浙江高质量发展建设共同富裕示范区都具有很强的指导意义。

那一年正月初八，我们就向总书记写了第一封信，三天后就收到了回信。信中说："要加快老区开发建设，尽快脱贫致富奔小康。"

2018年2月10日，一封由全村党员签名、寄托着老区人民深情的家书，从小山村中寄出。2月28日，总书记的回信中的话，再次响彻在这片红土地上。总书记在回信中写道："15年前到你们村的情景我都记得，我一直惦记着乡亲们。"春晖映大地，家书暖人心，中南海连着小山村，总书记与老区人民心连心。

奔小康，喜人心

100年前，嘉兴南湖，一只小船，诞生了一个大党。在艰苦卓绝的浙东抗战中，有多少志士热血流，多少铁骨写春秋，才将这革命精神代代相传。时任宁波市委书记郑栅洁在横坎头村调研时指出，"四明精神与红船精神，内在是一致的、本质是相通的"。

横坎头村人正是凭着这股敢为人先、艰苦奋斗、甘于奉献的精神，探索走出了一条"红色＋绿色＋农家"的旅游农业经营发展致富道路，提炼形成了"锋领过坎"党建引领基层治理的经验做法，在革命老区中率先闯出了一条脱贫致富奔小康的道路，农民人均纯收入从2003年不足3000元增长到了2021年44258元，村集体经济更是从当年负债40余万增长到了现在年收入1020万元。

近年来，政府先后投入上千万资金，完成了50余项民生工程，扎实办好各类民生实事和关键小事。泥泞的石子路变成了宽广的柏油马路，陈旧低矮的小瓦房变成了栋栋沿溪别墅，农民广场上是唱不完的欢乐颂，百果园里是收不完的致富果，昔日的"穷山村"蝶变成了如今的"桃花源"。这充分说明了"办好农村的事情，实现乡村振兴，基层党组织必须坚强，党员队伍必须过硬"。

创样板，振人心

一封家书牵引期盼，一番决心牵引实干。自强不息的红村人从习近平总书记的温暖家书中坚定理想信念，汲取奋进力量，启迪发展智慧。按照浙江高质量发展建设共同富裕示范区的总体部署，为实施好红色根脉强基工程，横坎头村引领带动周边 8 个村，打造"横坎头红锋共富联盟"，通过数字化平台实现组团发展、携手致富；结对四川省昭觉县三河村，通过合资运营、产业融合等造血式帮扶路子，为几千公里外的小山村送上一幅看得见、摸得着的振兴共富图景。浙东红村旅游综合体建设加速，红村风貌区提质升级，智慧红村搭上数字化快车，如今的横坎头村正以奋斗者的姿态、拼搏者的干劲，不忘初心、牢记使命，努力争做全国革命老区共同富裕样板，走好新时代的"赶考之路"。

新时代、新征程、新目标，我们必将以总书记"两个必须"的嘱托为"基"，以弘扬老区精神为"信"，以实现共同富裕为"念"，努力建设富裕、文明、宜居的美丽乡村，以优异的成绩迎接党的二十大胜利召开。

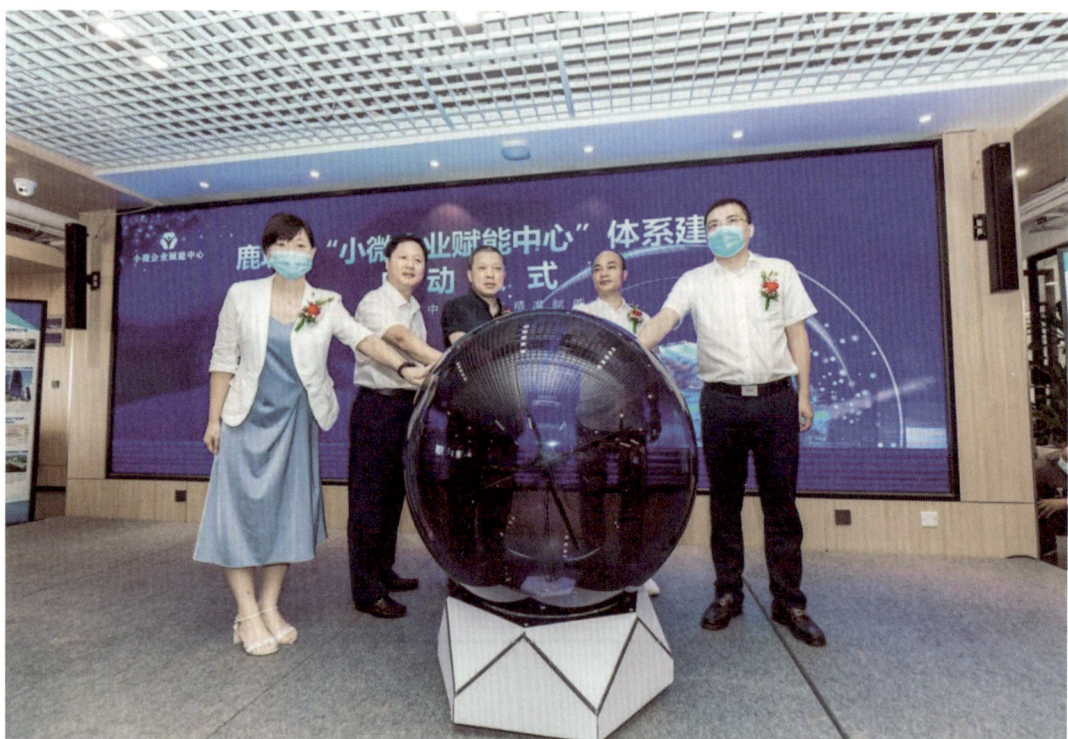

>>> 温州市鹿城区"1+14+n"小微赋能体系建设启动仪式

8.护航民营经济，绘就共富画卷

温州市鹿城区白鹿扬声青年宣讲团　吴昕璇

浙江民营经济以商起家，因市场而闻名。从改革开放后第一张个体工商业营业执照在浙江温州注册诞生开始，浙江民营经济从无到有、从弱到强，用敢为人先的勇气创造了许多"第一"：第一个专业市场、第一座农民城、第一部私营企业条例……这些"第一"让民营经济成为浙江经济的"金名片"，成为解读以共同富裕为最终诉求的中国改革的典型样本。

在民营经济发展历程中，市场监管部门作为民营经济发展的重要见证者和有力推动者，与民营经济有着天然的联系和特殊的感情，把服务民营经济发展工作做好做实，真正绘好共同富裕"浙"里见的美丽图景，是当前市场监管部门的应考之策。

执"改革"之笔，一笔一画，勾勒共同富裕发展框架。40余载春风化雨、春华秋实，中华民族迎来了从站起来、富起来到强起来的伟大飞跃。实践证明，改革是扎实推进共同富裕的强大动力。40余年的探索实践，我们看见，浙江首先提出"最多跑一次"，在商事制度改革上持续加力，"证照分离""多证合一""证照联办"全面推行，工商登记全程电子化加快推进，温州创新推出惠企政策"直通车"，在全国商事制度改革前沿出彩，一代又一代工商人为民营经济保驾护航。经过一笔一画地慢慢勾勒，优良营商环境在温州、浙江逐步显现，共富蓝图未来可期。

挥"服务"之墨，一点一滴，增添惠企利民共富成色。民营企业是建设共同富裕示范区的生力军。在扎实推动共同富裕道路上，必须把培育更加活跃、更有创造力的民营企业作为重要出发点。突如其来的新冠肺炎疫情，打乱了人们经济与生活的节奏，我国的民营企业特别是中小微企业遭受了重创。在这特殊的关键发展时期，政府与企业同心战"疫"、共克时艰。温州推出浙江省首家小微主体金融服务站，为企业提供"市场准入＋金融服务"一站式集成服务，推动小微主体金融服务"零次跑"；鹿城率全省之先建成小微赋能"1+14"体系，助力市场主体总量突破 15 万户，发放小微纾困资金 253.6 万元。一点一滴的助企服务，铺陈了政企同舟共济、鱼水情深的底色，让温州、让浙江经济发展显得更有成色。

铺"作风"之卷，一虚一实，构筑亲清共融共富图景。习近平总书记曾在民营企业座谈会强调"民营企业和民营企业家是我们自己人"，构建亲、清新型政商关系，是助推民营经济高质量发展的题中之义，是绘就共同富裕美丽图景的精神气质。作为新时代的市场监管干部，我们要让政商关系更加"亲而有度""清而有为"。"亲"，强调干部坦荡真诚同企业家接触交往，帮助解决企业实际困难。"清"，要求干部要清白纯洁、把好分寸，坚守道德底线、筑牢思想堤坝。解难题办实事即为"实"，强理论守纪律即为"虚"，一虚一实构筑了新时代亲清共融合的政商景象。

40 多年的变迁，使浙江民营企业从田野走向世界，从铺天盖地走向顶天立地。民营经济兴则浙江兴，民营经济强则浙江强。作为改革开放的先行地、民营经济发祥地的浙江，应继续以"重要窗口"的使命担当，步步精细、点点勾画，以护航民营经济新飞跃，绘就共同富裕新画卷。

>>> 青年宣讲员赵欢慈在龙湾区罗西文化礼堂面向青少年开展主题宣讲

9.共富路上执着追梦的80后

温州市龙湾区状元街道　赵欢慈

让"精神富有"成为"共同富裕"的最亮底色

共富路上，从我做起。我是一名基层社区工作者，社区工作琐碎、繁多，忙起来堪比"社区总理"，尤其是我所在的罗西社区，承载着14个村居的拆迁安置任务。从"村"里搬到了社区，"外在形象"好了，但"内在提升"如何改善？经过多番思虑，我打算从"居民的思想转变"入手，根据居民需求在社区开设各类宣讲课程，用方言和互动式的授课方式吸引居民们来听课，碰到有"心结"的居民，我就上门"一对一"宣讲。听得多了，参加活动多了，居民的精神生活丰富了，意识也慢慢转变了。

2020年年初，新冠肺炎疫情打破了原本平静的生活，辖区2例确诊病例让居民陷入心理恐慌，在做好抗疫本职工作之余，我发挥心理咨询师专长，在辖区开通防疫心理援助热线，为居民答疑解惑，安抚他们的情绪。有人说："社区工作已经够忙了，你怎么还有闲心管那么多事？"我想，只要居民有需要，而我能做的，哪怕再忙，也要伸出手来。我相信"精神富有"将成为共富路上最亮的底色。

让"科技创新"成为"共同富裕"的强劲动力

在负笈前行的道路上，有这样一位80后，披荆斩棘，淬炼成才，他叫郑立飞。他是一名科技工作者，从小就树立从事科研、报效祖国的人生目标。为进一步靠近心中的理想，郑立飞选择出国留学，跟随世界知名专家、教授、院士等学习。和很多海外留学生一样，那时摆在他面前的选择很多，但他毅然踏上回国之路。回国后，他加入了国科温州研究院，结合自身研究背景以及国科温研院的整体发展规划，快速组建科研团队，聚焦功能性生物大分子材料相关研究，积极开展研发创新型具备临床应用价值的疾病诊断和治疗的生物芯片及生物大分子药物。近年来，以第一通讯作者在化学材料类顶级学术期刊发表一系列研究型论文。做科研是一个漫长的过程，郑立飞甘愿坐"冷板凳"，因为他知道每一次失败都是在向成功靠近，他要通过自己微薄的力量，推动科技共富，把青春奋斗融入共同富裕的时代"主旋律"。

让"绿色发展"成为"共同富裕"的造血能量

最后，我想说说一位在实干中绽放青春梦想的80后，他叫吴仕明，在瑞浦兰均能源股份有限公司工作。毕业后，他有幸参与了国内首颗锂离子电池组卫星研制，以及中国空间站、货运飞船等重大工程的设计论证，主管设计的某卫星电源创造了国内低轨卫星在轨寿命最长的纪录。在航天的这段经历，让他充分接受了我国航天精神的洗礼。现在，新能源是吴仕明奋斗的事业。如今人类的文明和科技得到了前所未有的发展，但我们面临的环境问题也前所未有的艰难，大力发展新能源技术，是实现碳达峰、碳中和战略目标的内在要求。在吴仕明和他的同事们的努力下，2021年瑞浦累计交付4GWh，相当于减排3988t二氧化碳当量，2022年预计实现翻倍以上的增长，随着产能的扩大，这个数字相信会持续刷新。留住绿水青山将不单单是一句宣言，吴仕明和他的同事们正在脚踏实地地践行，在绿色共富的路上，他们从未停步。

让"精神富有"成为"共同富裕"的最亮底色，让"科技创新"成为"共同富裕"的强劲动力，让"绿色发展"成为"共同富裕"的造血能量。实现共同富裕是一场艰巨的接力赛，身为 80 后的一代，我们很庆幸，我们会勇敢地接过一棒跑上一程，我们将心中有梦、肩上有担，不辱使命地将接力棒传递下去，为走好共富路奉献青春力量。

>>> 平阳县鸣山村的美丽风景

10.生态绘就心里美

"浙南红都后浪说"青年宣讲团　洪璐璐

2005 年 8 月 15 日，时任浙江省委书记习近平同志在湖州安吉余村考察时，高瞻远瞩地提出了"绿水青山就是金山银山"的科学论断。这句话如同一盏熠熠生辉的明灯，饱含着深邃的辩证思维、鲜明的价值取向和巨大的真理力量，不仅揭示了人与自然和谐发展这一永恒主题，更展现了中国共产党人的担当与使命。

十多年来，浙江人民坚守"绿水青山就是金山银山"的理念，一张蓝图绘到底、一任接着一任干、一任干给一任看，开展"五水共治"，打好污染防治攻坚战，推进环境治理数智化，着力推动"两山转化"，打造出"山绿、水清、景美、民富"的美丽乡村面貌。环境就是民生，青山就是美丽，蓝天也是幸福；望得见山，看得见水，记得住乡愁。生态美换来了群众的心里美。

这份心里美首先是"好看了"

平阳县南雁镇笠湖村的全域土地综合整治与生态修复工程，是 2020 年度浙江省级精品工程，村里先后实施了河道整治提升、"一村万树"示范村创建、"金边银角"打造等环境整治提升项目。政府通过配套设施共享，鼓励村民高效利用土地；盘活低效用地，打造旅游基地，引进会文谷文化艺术度假村、房车驿站等项目，带动乡村旅游发展，使得村容村貌大变样，呈现出"一河清水秀，两岸风光美"的山水画卷。

心里美还是"有钱了"

在平阳县鳌江口外 30 海里的东海海面上，有座被誉为"中国十大最美海岛"之一的南麂岛。从这里游出的生态大黄鱼，正铺就一条海岛的致富之路。依托一批新技术、新业态、新模式，南麂岛大黄鱼年产量不断增长，更被端上 G20 峰会国宴，2021 年黄鱼产值高达 2.4 亿元。这里的环境越来越好，村民的收入越来越高。一条鱼带动一个产业，振兴一座小岛。听，这叫声来自黄鱼，也来自海洋，更来自人与自然的和谐共处。一代代渔民，怀着蓝色梦想，始终精耕在这片蓝色牧场。

心里美更是"高兴了"

平阳鸣山，是一座走过千年岁月的小村落。这里大力发展乡村旅游产业，积极推进生态文明建设，走出了一条属于自己的发展道路。这个美丽的小乡村，变资源为产业，变村庄为市场，变村民为经营者，在产业发展中传承文化，在乡风文明中留住文化。沿着平瑞塘河往村内人家探去，脚踏不同石砖，周围步步景致、处处人文。这里还有最好看的"非遗艺术表演"，最好玩的"文创集市"，最养眼的"汉服志愿者"，最好吃的"非遗特色饮食"，最网红的"非遗摄影区"，它们引领非遗文化传承新风向，助推非遗产业实现新发展，令"土味"非遗不断焕发新活力，成为游客感悟民俗、寻找乡愁和体验传统手作的首选。看着街头闲聊的村民和他们开心的笑脸，我仿佛懂得了陶渊明那种"采菊东篱下，悠然见南山"的闲适。

好看了、有钱了、高兴了，百姓的心路历程体现了"两山理论"在基层落地生根、根深叶茂、碧绿参天的生动景象。当前浙江正在推进生态文明建设先行示范，"向绿而行"是"美丽浙江"的新注脚。这抹生命的绿既是那一滴沐浴晨光的露珠，也是村民脸上荡漾开来的微笑，更是故乡那一抹亘古传承的乡土风情。"绿水青山就是金山银山"，因为这片希望的田野承载着我们梦想的起点，也是我们午夜梦回心灵的归处，这里是我的家，各美其美、美人之美、美美与共、美在心头……

>>> 县委原副书记、老厂长李兴发带领原 22 位复退军人剩下的 10 位老同志在 20 世纪 60 年代的长兴耐火器械厂门前合影留念（第一排右数第二位为李兴发）

11.从"耐火厂"中探析共富"密钥"

长兴县委党校 潘磊宇

高质量发展建设共同富裕示范区的重大使命落在浙江的肩上,这是党和国家对浙江发展的重大肯定。可大家是否思考过,为何"高质量发展"这五个字会写在共同富裕之前?今天,我和大家分享一个产业的变迁故事,证明共同富裕建设路上高质量发展的重要性。

烈火红心:从无到有的跨越

1954年9月,湖州长兴一批二十多岁的复员军人回到家乡。为了不给政府添麻烦,22名复员军人凑齐3700元,开办了长兴第一家耐火器材厂,迈出自力更生的第一步。缺专家、缺资料、缺专门设备成为摆在他们面前的拦路虎。在经过无数次失败后,他们终于研制出质量远高于国外的高级耐火器材,把这一"卡脖子"技术牢牢掌握在了自己手中,这一突破轰动了全国冶金系统。

这是产业的播种。新中国成立初期,百废待兴。"耐火人"的创新精神和核心技术的攻关,不仅为产业的发展种下种子,更为推进高质量发展埋下伏笔。

浴火重生：从有到优的超越

21 世纪初，耐火产业的发展带来了收入，但也导致黑烟滚滚，环境恶化。再加上国家开展去产能、去库存，耐火产业的发展被外部环境狠狠"撞了一下腰"。为了破局，长兴以壮士断腕的决心展开整治，淘汰落后产能，留下规模效益好、创新能力强的企业，组团转型再闯市场。生产模式的革命性改变，让长兴耐火从饱受诟病的污染中"浴火重生"，耐火产业在"脏、乱"环境中跌宕了 30 多年的命运迎来了最重要的转机，真正转向绿色发展。

这是产业的培育，在 21 世纪之初，播种成长。耐火产业的发展变革不仅实现了超越，还开始走上了探求效率和质量并重的发展之道。

星火燎原：从优到强的飞跃

翻天覆地的变化，让很多身在异乡的商人有了回乡发展的冲动，长兴的耐火产业不断壮大。但是如何更进一步提升生产效率，实现产业的高质量发展成为新的命题。于是，智能化和数字化被提上了日程。耐火企业的车间内，自动称量、上料、压制等一系列配套的智能设备轮翻上场作业。机器设备大大稳定了产品质量，更提升了企业的竞争力。如今，长兴耐火产业正不断走出国门，走向"一带一路"沿线，真正打响了"中国耐火之乡"的品牌。

这是产业的收获。新时代的中国，自当更强。耐火产业就是这个时代的写照，它象征着新时代实现高质量发展的担当。

到底什么是高质量发展？它正是对新发展阶段的立足、新发展理念的贯彻和新发展格局的构建。耐火产业的诞生到成长，不正是我们一路追求高质量发展的缩影吗？这一路，我们不仅富了口袋，更美了绿水青山。

变的是时代、物质基础、社会氛围……但不变的是我们永恒追求发展的初心。回看浙江，从新中国成立到如今推进共同富裕示范区建设，从小资本、小企业、小商品、小城镇到如今能够担起这项重大使命的践行者，这一切的背后是因为我们始终秉持着高质量发展的坚定信念。因为我们清楚地认识到推进高质量发展是实现共同富裕的重要途径和前提，是解决逐步实现共同富裕这一切问题的基础和关键，这就是实现共同富裕的"密钥"。

而当年二十多岁的复员军人和一代代有志青年的精神也正不断激励着我们。共同富裕青年说，共同富裕青年做！推进高质量发展，实现共同富裕，我们已整装待发。

>>> 德清青年村干部在助农行动中打包枇杷

12.共同富裕的幸福密码

德清县新安镇　钱　亮

2020 年夏天，博士毕业的我，走出实验室，来到德清的美丽乡村，成为服务基层的小钱同志。来湖州之前，我知道这里山清水秀，可我不清楚的是，这份生态大美的背后还有共同富裕的精彩文章。

在德清的五四村，村干部告诉我，20 多年前，村里连条像样的马路都没有。后来，村里趁着土地整理计划的东风，成立了全湖州第一家土地股份合作社，家家承包土地入股，既拿土地租金，还有收益分红。村民们从农活中抽出身来，通过经营民宿，探索出了致富 2.0 的新路子。吴兴的妙山村同样如此，借着"坡地村镇"政策试点，村里发挥山水生态优势，做大做强旅游产业，2021 年更是作为湖州唯一一个代表入选全国乡村旅游重点村。

和村民们聊天时，我不止一次听到他们感慨："我们这儿的农村啊，和城市没区别，甚至比城里更好。"这份用绿色密码开启共同富裕的自信，见证了一条由美丽生态，到美丽经济，再到美丽生活的"共富"之路。

村里虽然富裕起来了，但还有部分特殊困难的家庭，于是村委就组织党员干部、人大代表、社工团体一起帮忙出力。2021年，我就作为联村干部参加了一场助农帮扶活动。在这场跨度两个月的帮扶活动中，从枇杷疏果、摘枇杷、卖枇杷，3470斤共694箱枇杷的背后，是14户人家合计4万余元的增收。

脸上的笑容，甜过枇杷。这份用党建引领开启共同富裕的坚定信念，讲述了一群人沉甸甸的"共富"梦想。

2018年4月，安吉黄杜村的20名党员给总书记写信，汇报村里依托白茶致富的情况，并提出希望捐赠茶苗帮助贫困地区群众脱贫。从那时起，一株株茶苗就在湖南、四川、贵州等地扎下根来，而无论是扦插茶苗、千里选址还是技术指导，村里都倾尽全力。"不种活不放手，不脱贫不放手"，正是凭借这样的决心，三省五县百姓才能携手齐步迈向共同富裕。

"一片叶子富了一方百姓"已然是幸运，"一片叶子再富一方百姓"更是传奇。这份用共享密码开启共同富裕的决心，见证了一段先富带后富、共享富裕路的"共富"佳话。

2022年，杭州亚运会亚运场馆的"收官之作"——湖州德清地理信息小镇三人制篮球场正式完工。球馆建成后的第一场球赛，没有请大牌球星，没有请专业球队，而是特别邀请了参与球场建设的建筑工人开球。这一晚，建设者们脱下工装，换上球衣，用一场热血沸腾的球赛纪念在这里坚守的日夜。这样温暖的点滴场景，我想，就是我们矢志追求的共同富裕！

在湖州，在浙江，在广袤的祖国大地上，共同富裕的故事仍在续写，共同富裕的脚步踏实向前。你看，这是一个人腰包鼓了的满足；你听，这是一群人开怀笑了的幸福；你来，这是一代人必须把握的时代机遇。"再接再厉、顺势而为、乘胜前进"，让我们握住幸福密码，绘就美丽中国的崭新蓝图，谱写共同富裕的示范篇章。

>>> 吴兴区龙泉街道白鱼潭社区党员志愿者进社区服务活动

13.赤橙金绿青蓝紫，绽放基层共富"幸福花"

湖州市吴兴区龙泉街道　顾龙隆

　　湖州作为"绿水青山就是金山银山"理念诞生地，正肩负着建设共同富裕绿色样本的历史使命，如何在共同富裕绿色样本的大场景中找到我们社区履职的小切口，这是社区基层需要思考探索的现实课题。

　　什么是共同富裕？它是人人奋斗、人人参与的富裕，是既"富口袋"又"富脑袋"的富裕。它不仅是物质上的富足，更是精神上的富裕。为了提升老百姓的幸福感、安全感、获得感，白鱼潭社区一直致力于不断优化社区志愿服务，不仅让居民在社区感受美丽湖州的缩影，更让老百姓在白鱼潭乐享幸福生活。

　　七彩"小积分"汇聚社区共富"大能量"。在我们白鱼潭社区有一张专属于志愿者的"存折卡"。这张小小的"存折卡"积存了志愿者每一次的暖心服务。志愿者们可以用"积分存折"兑换服务或者是"油盐酱醋"。费阿姨是我们社区"银龄互助"①的志愿者，在"银铃互助"的志愿服务中，

---

①　银龄互助：即组织老年人开展互帮互助、以老助老的志愿服务活动，鼓励健康、相对低龄老年人帮扶空巢、高龄、失能及特困老年人，这是一条互助养老的新路子。

在社区环境治理中，在防汛巡逻中……都曾留下过她身穿志愿马甲的身影。然而，就在 2021 年，费阿姨家的朱叔叔因为高血压住进了医院，家里的照护一下子都落在了费阿姨的身上，"积分存折卡"为费阿姨兑换了上门保洁的服务，减缓了她的照护压力，更温暖了费阿姨的心。她说："我参加的'银龄互助'就是低龄老人关爱高龄老人，加入志愿者是希望自己有一天走不动了、老了，也会有人来看看我，帮助我，这张'存折卡'让我提前感受到了助人互助的温暖，志愿者这一工作我会一直做下去。"

七彩"志愿队"谱写社区共富"幸福曲"。在白鱼潭社区有这样一群人，他们身穿"七彩志愿服"，"赤橙金绿青蓝紫"分别代表着党员先锋队、银龄互助、低碳环保队、乐活文艺队、成长关爱队、平安护卫队、"一元·益愿"服务队等七支不同的志愿服务队，他们用光、用热、用汗水在共同富裕的奋斗路上传递着幸福能量，绽放七色炫彩的共富"幸福花"，谱写社区共富"幸福曲"。

七彩"志愿队"筑牢社区共富"安全墙"。面对新冠肺炎疫情大考，社区吹响疫情防控党员集结号，辖区党员主动投入志愿服务中，共同筑牢疫情防控坚固防线，守护家园"小门"。洗楼（彻底排查）、门岗值守处处都能见到"志愿红"。"我报名，随时都有空上岗。""书记，防疫手册再给我些，我还能再跑几幢。""我多跑点没事，做志愿者让我的身体都好了，三高都没了。"这些声音，不仅让我们感动，更是我们笃定前行的坚实力量。但有一天，社区书记接到的一个电话让她犯了愁，电话中有位党员因为门岗值守排班排的比别人少不开心了，这位党员是我们社区的老党员——袁阿姨，因为考虑到家中有老人需要照顾，书记特意减少了她的门岗值守时间，但袁阿姨坚持要求正常排班，老党员"舍小我为大家"的无私奉献精神筑起了社区防疫的"安全墙"。

共同富裕的路还很长，但有希望；共同富裕的路还很远，但能望到，走好共同富裕的长征路，需要我们胼手胝足奋斗，携手并肩拼搏。

>>> 陈溪十景之鲤跃龙门

14.诗和远方绘就共同富裕蓝图

绍兴市上虞区陈溪石笋山旅游发展有限公司　姚　瑶

寻一本书、泡一杯咖啡、择一处雅座，低头是"书香致远，墨卷至恒"；抬头是王阳明笔下"云根奇怪起双峰，惯历风霜几万冬"的双石笋，可谓偷得浮生半日闲。此等悠然自得在上虞区陈溪乡的城市书房内就能实现。这会是大家心目中共同富裕在乡村的场景吗？

党的十八大以来，习近平总书记多次围绕共同富裕发表重要讲话，他指出："促进共同富裕，最艰巨最繁重的任务仍然在农村。"① 确实，共富的短板在乡村、重点在乡村、潜力也在乡村，如何找到突破口，是乡村现今发展面临的重要命题。绍兴市上虞区陈溪乡正积极探索一条绿色发展、以文塑旅、以旅兴业的乡村振兴之路。

陈溪乡坐落于浙东名山四明山麓，位于上虞区东南部，"八山一水一分田"的地貌格局和四面环山的燕子窝隐蔽地形曾阻碍着这里的经济发展，早些年，村子里流传着这样一段顺口溜："十九都人苦，吃得玉米糊，走

---

① 引自习近平《扎实推动共同富裕》一文。

得上岭路，蜡烛横倒放，柴子当棉被。"这是老百姓衣食不保的穷困生活的真实写照。随着"绿水青山就是金山银山"理念的践行，原先脚走肩挑的山路变成了网红公路，山间溪边竖起了标识标牌，创意小品不断刷新颜值，灯光下的陈溪越夜越靓，基础设施的提升使得以前阻碍经济发展的"穷山恶水"，摇身变成了游客喜爱的"仙山秀水"，乡域内的竹隐陈溪景区成功在2020年通过国家4A级旅游景区资源评估，正式列入国家4A级旅游景区创建名录。

建设高品质景区只是发展的基础，如何打造具有辨识度的旅游金名片，则需以文塑旅。陈溪乡不仅有着独特的自然资源，还有深厚的文化底蕴。陈溪"以竹为美，因隐闻名"，她的"竹隐"文化中，以红色文化和阳明文化为最。乡村建设把文化融入旅游线路，推出"1513跟着阳明游陈溪""红游陈溪"等系列旅游产品；把文化渗透到旅游商品，打造竹小萌文旅IP形象、设计竹小萌周边，改善农特包装，打造"溪行有礼"农特品牌；把文化调进特色美食，推出"阳明宗亲宴"；把文化住进精品民宿，"墨隐居·花墅"成功创建浙江省非遗主题民宿；把文化玩进旅游节会，连续两年在国庆黄金周举办"乐游陈溪一村一活动"文化旅游节，使博大精深的文化，通过旅游的吃住行游购娱去呈现，可谓相得益彰。

随着"仙山秀水，竹隐陈溪"文旅品牌的不断打响，近年来，陈溪乡吸引了懿境酒店、言欢书院、上亿文旅、安可文化等文旅企业的入驻，文旅产业得到了快速发展，村民们也搭上了致富快班车，开办了雪花谷、墨隐居、竹隐小厨、阿义饭庄等近20家民宿、农家乐。龙溪溪畔的老字号农家乐阿义饭庄内，每天都有许多游客来此大快朵颐，溪钩鱼、土鸡煲、红烧肉都是老板光头阿义的拿手菜，"乡、野、土"是他保持每年营业额超150万的秘诀。值得一提的是，光头阿义的女儿王韩莉通过新媒体销售平台，将陈溪的土鸡蛋、笋干菜、年糕片等农副产品推广到全国各地，年销售额最高达到 70 余万元，带领村民们增收致富。

竹隐陈溪的共富模式只是虞南 800 平方公里的一个缩影，相信上虞的美丽乡村正在奋力创作自己独有的乐谱，唱响诗和远方，助力上虞谱写现代化共同富裕美好社会新篇章。

>>>　云南省罗平县舍恰完小的孩子们在浙江越秀外国语学院支教老师周禾的带领下开展中华优秀传统文化学习活动

15.共同富裕——"富口袋"与"富脑袋"的统一

浙江越秀外国语学院　周　禾

作为 2035 年社会主义现代化远景目标之一，党的十九届五中全会强调扎实推动共同富裕，这是中国特色社会主义的本质要求，是人民群众的共同期盼，也是我们党带领全体人民，不懈奋斗的初心使命。

新中国成立之初，毛泽东同志提出国家富强的发展目标，指出，"这个富，是共同的富，这个强，是共同的强"。改革开放之后，党和国家领导人，根据我国社会生产力发展状况，提出让一部分人先富起来，先富带动后富的共同富裕之路。进入新时代，习近平总书记指出，"我们追求的发展是造福人民的发展，我们追求的富裕是全体人民共同富裕"[①]。可以说，我们党在追求共同富裕的道路上，从来没有停歇过。在过去几十年里，人人都在埋头搞发展，抬头一看，手里的财富多起来了，可心里的财富要去何处寻呢？浙江作为高质量发展建设共同富裕示范区，秉持先试先行的理念，努力探寻着让"口袋""脑袋"都富起来的办法，为全国推动共同富裕带

---

① 引自《中共中央召开党外人士座谈会　习近平主持并发表重要讲话》一文。

去省域范例。今天就让我带大家从"浙"里起步，走近身边人和事，一起来看浙江共同富裕示范区的建设点滴。

在我们绍兴本地，有这样一个小村庄。"全村有网上店铺100余家，通过电商渠道销售农副产品达到2000万元以上。2015年村里建立村淘4S店，平均月代购额达2万元以上！"这是浙江绍兴诸暨市东白湖镇里四村发展"村淘"两年来的业绩！放在以前，这是村民们想都不敢想的事儿。地处山沟，到镇上20多公里路，开车至少40分钟，没有快递、物流，就是这样一个小村庄，在"精准扶贫"的大背景下，成功打了一场漂亮的翻身仗。

人民富起来了，生活好起来了，我们离物质富裕的目标越来越近。但这就够了吗？我的回答是：不够！

共同富裕应该是"富口袋"与"富脑袋"的统一，而不是单单物质上的"土豪"与"富豪"。习近平总书记强调，"共同富裕是人民物质生活和精神生活的全面富裕"。物质富裕为精神富裕创造条件。因此人们不再忙于生计，有了更多的娱乐，文化事业和文化产业不断繁荣发展。而影视作为观赏门槛较低的大众型娱乐活动，走进了人们的视野。随着国内越来越多优质爱国影片的上映，中国百姓的精神世界得到了极大的富足，文化自信也随之提升。

来自绍兴的农村电影放映员代表张满军在农村放映了几十年的电影，经验告诉他，随着片源越来越多，村民也越来越爱看电影。"这次展映的25部片子如《战狼2》《我和我的祖国》都是大家非常喜欢看的片子。"在看完《战狼2》后，雷甸村村主任蒋水良告诉记者："平时我们看这种大片，要开半小时车去附近武康的电影院看。年轻人去的比较多，像我们这种年纪的，一个人跑过去看电影也怪怪的。一直想看《战狼2》，但都没什么机会。"

可见，人民对精神世界的富足是有需求的。而要从根本上达到精神生活共同富裕，教育又起了至关重要的作用。试问，没有文化基础，怎么能看懂电影背后的内涵呢？自 1986 年实施九年制义务教育后，我国人民知识水平得到普遍提升，人民素质也普遍提高。义务教育普及范围广，扫盲性强，是使人民达到精神共同富裕起效极大的手段之一。浙江一直是时代的弄潮儿，走在教育改革的前沿。义务教育"双减"政策改变了中小学生的生活。

"双减"政策落地后，杭州市钱塘区白杨街道云滨社区青少年的业余时间多了起来。如何用健康向上的活动填补这些空白，是家长、学校与社区共同关注的问题。为此，云滨社区发起了"云滨'1小时'"活动，青少年志愿者为主讲人，党员志愿者协助参与，通过每周一次的主题活动，为孩子们带去丰富多彩的课外"1小时"。这帮助了云滨社区的孩子们从繁重的学业中解放出来。

作为土生土长的浙江学子，我们是浙江教育改革的亲历者、见证者、受益者。从以前学科补习班遍地到现在"双减"政策的晚托社团丰富课余生活，从传统死板的文理分科高考模式到灵活自由的"七选三"改革……浙江教育的这些变化，只为探寻更科学、更智能的人才培养模式，让更多的浙江人能够受益于教育，拥有更富足的精神生活。

"脑袋不富"眼里更多的是"柴米油盐"，"脑袋富了"心中就能装着"诗和远方"，"脑袋""口袋"都富了才能有真正的获得感、幸福感、安全感。

>>> 绍兴市妇幼保健院作为首批定点医院之一，开展了中国流动留守儿童矮身材疾病救助"天使童行"公益活动

16.擦亮健康底色，助力共同富裕

绍兴市妇幼保健院　何竺阳

2021 年，在庆祝中国共产党成立 100 周年大会上，习近平总书记强调要在新征程上接续奋斗，"推动全体人民共同富裕取得更为明显的实质性进展"。我们的共同富裕是社会主义的本质要求，是中国式现代化的重要特征，也是人民群众的共同期盼。

2021 年 6 月，中共中央、国务院发布了《关于支持浙江高质量发展建设共同富裕示范区的意见》。随后，浙江省围绕"七个方面先行示范"，发布了浙江高质量发展建设共同富裕示范区的实施方案，搭建起了"1+6+N"共同富裕重大改革体系架构，构建了共同富裕示范区建设的"四梁八柱"。

其中，百姓们的健康，就是实现共同富裕的应有之义和基础保障。今天，就让我们从习近平总书记的三句话看一看如何擦亮共同富裕的健康底色。

习近平总书记提出："逐步缩小职工与居民、城市与农村的筹资和保障待遇差距。"[1] 要擦亮健康底色，须实现公共服务均等化。

---

[1]　引自习近平《扎实推动共同富裕》一文。

我 93 岁的爷爷，是一位有着 63 年党龄的老党员。身体健朗、热爱自由的他喜欢一个人住在诸暨的老家。最近一次去看他时，他和我说："阳阳，最近我总是鼻涕流个不停，可能是老鼻炎又犯了。"我听了十分着急，便提出带他去市里的医院看看。没想到爷爷却拍了拍我的肩膀，安慰道："不用不用，今天镇医院里就有杭州的耳鼻喉专家来坐诊，我昨天就预约好了！多亏了共产党啊，不但让我们能吃得饱、穿得好，现在连看病都有大专家送到家门口了。"爷爷的话让我豁然开朗，原来共同富裕就在我们身边。共同富裕示范区建设就是在高质量发展高品质生活先行区破解基本公共服务均等化这一世界性难题。

习近平总书记强调："低收入群体是促进共同富裕的重点帮扶保障人群。"想要擦亮健康底色，须聚焦服务弱势群体。

有那么一群孩子，小小年纪，父母就离开他们外出打工；也有这样一群孩子，他们跟随着父母来到大城市谋生，他们被称为流动留守儿童。由于营养状况、救治资源以及疾病知识的相对匮乏，流动留守儿童身高常常低于同龄孩子。为此，国家卫生健康委开展了中国流动留守儿童矮身材疾病救助"天使童行"公益活动。绍兴市妇幼保健院就是首批开展"天使童行"的定点医院之一。半年前，在袍江一个社区的筛查中，"天使童行"项目组发现了一位叫做帆帆的小朋友。来自贵州六盘水的帆帆因为身材矮小，总是被同学们笑称为"矮萝卜头"。为了实现帆帆长高的梦想，项目组帮助他向中华儿慈会申请了药物治疗救助基金。经过半年的综合治疗，帆帆长高了 6.5 厘米。最近一次回访时，帆帆的爸爸拉着医疗专家的手，激动地说："谢谢，谢谢你们，要不然孩子可能永远都比别人矮一头。"共同富裕路上，一个也不能掉队。

习近平总书记还指出："要以有效举措落实以人民为中心的发展思想。"擦亮健康底色，须完善百姓的医疗保障。

2021 年，一段国家医保局谈判代表张劲妮与药品企业代表谈判现场的视频火出圈了。谈判中，张劲妮代表经过八轮"灵魂砍价"，将上市之初每支近 70 万元的治疗脊髓性肌萎缩症的药物最终以 3.3 万元的价格确认成交。这让无数的罕见病患者及家属看到了希望。截至目前，国家医保局药品目录内共有药品 2860 种，涵盖了肿瘤、慢性病、罕见病等疾病领域，满足了广大参保人基本用药需求。

为贯彻落实以习近平同志为核心的党中央做出的重大战略决策，在扎实推动共同富裕的历史阶段，在建设浙江共同富裕示范区的进程中，绍兴卫健人不忘初心、踔厉奋发，着力构建全民全程健康服务体系，让优质的健康服务覆盖每一个区域、每一个群体。我们将勠力同心，勇毅前行，擦亮健康底色，助力全民共富！

>>> 银涛絮海半壁洲：新昌下岩贝云海

17.精神富裕擦亮新昌共富底色

新昌县委党校青年教师理论宣讲团　程　方

党的十八大以来，党中央把逐步实现全体人民共同富裕摆在更加重要的位置上，习近平总书记强调，要"坚定不移走共同富裕的道路"。实现共同富裕的美好社会是全面建成小康社会后的一种更高级的社会形态，"是全体人民共同富裕，是人民群众物质生活和精神生活都富裕"。习近平总书记曾强调："只有物质文明建设和精神文明建设都搞好，国家物质力量和精神力量都增强，全国各族人民物质生活和精神生活都改善，中国特色社会主义事业才能顺利向前推进。"[①] 从这个层面来讲，精神富裕是共同富裕之魂，是共同富裕的鲜亮底色。

党中央赋予浙江高质量发展建设共同富裕示范区的光荣使命，新昌顺势而为、趁势而上，这座"八山半水分半田"的诗意山城，正发生着翻天覆地的变化。在这里，吃苦耐劳、勤奋敬业、耕读传家的新昌人，以全域美丽为笔，以绿色发展作墨，以民生幸福为卷轴，描绘出了一幅共同富裕

---

① 引自《习近平谈文化强国建设：抛弃传统就等于割断精神命脉》一文。

的"新昌图景"。如果说，物质财富的富裕是画卷上一幕幕壮丽的构图，那精神富裕便是其中最靓丽的底色。"崇文守正、务实创新"的新时代新昌精神构筑起新昌人民共同富裕的精神家园和价值追求。

新昌不乏物质富裕，在1213平方千米的土地上，孕育着14家上市企业，市值超2500亿，拥有国家高新技术企业257家、省级科技型中小企业683家；2021年全县人均GDP达到12.35万元，县域综合实力位居全国综合竞争力百强县（市）第57位，获得了中国工业百强县、全国"两山"发展百强县等一个又一个成就；2021年新昌城镇居民人均可支配收入达到68710元、农村居民人均可支配收入达到36269元，城乡居民人均可支配收入倍差已连续9年呈缩小态势，成为全省缩小收入差距领域共同富裕示范区建设首批试点。从美好愿景到逐渐清晰的战略图，印证着促进全体人民共同富裕迈出的坚实步伐，更映照着"崇文守正、务实创新"的新时代新昌精神。

崇文守正，文明新昌。这里有山有水有诗意，有茶有佛有洞天，每一座山、每一片水，都承载着历代诗人绚丽的诗篇，许多人慕名而来，只为一睹李白诗中"天姥连天向天横，势拔五岳掩赤城"之景，脚踏这千年古韵的山脊，看云起雾遮，还有沃洲湖满眼翠绿的湖水，与周围的青山绿水遥相呼应，如世外桃源般令人心驰神往。

务实创新，科技新昌。从靠山吃山到靠山富山，新昌将"绿水青山就是金山银山"的设想变为现实，我们通过人人参与、人人尽力打造出一幅新昌版的"富春山居图"，茗香共兴联盟的抱团取暖，是沿线景观到致富带的蝶变；梅渚村的剪纸，是"镂金作胜，剪彩为人"的精彩。当然还有智能装备小镇生产制造出15项世界第一、20项全国第一的重要工业产品，是"科技创新新昌模式"的骄傲；万丰航空小镇的飞机生产制造和飞行体验，是"开着飞机看江山如画"的豪迈。

新昌精神从魏晋遗风中走来、从唐诗文化中走来、从宋明理学中走来，它承载着丰富的精神内涵，时刻都在回答"我们是谁、我们从哪里来、我们走过怎样的路"，成为我们新昌立足当下、面向未来的底气，这让我们在共同富裕的道路上，不仅有令人瞩目的财富故事，更有催人奋进的精神诗篇。

正是一代又一代新昌人对新昌精神的弘扬，才一次又一次地擦亮了共同富裕画卷上的靓丽底色。如今的我们接过前辈手中的接力棒，正在用自己的速度奋力奔跑，习近平总书记饱含深情寄语青年"新时代的中国青年要以实现中华民族伟大复兴为己任，增强做中国人的志气、骨气、底气，不负时代，不负韶华，不负党和人民的殷切希望"[1]。我们要把青春奋斗根植于党和人民事业，不断以新作为、新创造、新贡献，践行"强国有我，请党放心"的铮铮誓言，我们定将不负所望！

---

[1] 引自《习近平在庆祝中国共产党成立100周年大会上的讲话》一文。

>>> 用信仰之源浇灌出幸福花开

18.幸福的味道

国家税务总局金华市税务局　吴　超　刘　源

［1920年的春夜，浙江义乌分水塘村一间久未修葺的柴屋，陈望道在翻译共产党宣言，带一点疑惑的语气］

望道：一个幽灵，一个共产主义的幽灵，在欧洲游荡……

［2022年陈望道故居，青年读着手中的《共产党宣言》，用坚定的语气大声朗读］

青年：一个幽灵，一个共产主义的幽灵，在欧洲游荡……

望道：你是?

青年：您是……望道先生吗?

望道：我是。

青年：您好，我是来自新时代的青年。

望道：新时代? 那是什么样的时代? 革命胜利了吗?

青年：胜利了，中国共产党带领大家建立了新中国。今天的中国已经不再是那个积贫积弱、千疮百孔的中国了，我们正走在共同富裕的道路上，社会公平公正、人人干劲十足！

望道：共同富裕？"以所有人的富裕为目的"，这就是共同富裕！你给我讲讲，现如今的老百姓过得怎么样？

青年：您和我一起来看看家乡义乌的变化吧。

望道：这是……

青年：这是一位普通农民刘老伯的家。早上伴着阳光，刘老伯的孙子去上学了。您听，在宽敞明亮的教室里还有朗朗的读书声呢！

望道：每个孩子都有书念？

青年：是的，他们享受的是九年义务教育。

望道：好啊，十年之计，莫如树木；终身之计，莫若树人啊！

青年：是啊。您再看，刘老伯正在自家的桃山上疏花疏果呢，等桃子成熟后，大家都可以来体验采摘！

望道：体验采摘？

青年：是啊！刘老伯不仅可以种桃子，就连深加工的桃胶、桃花酒、桃木制品都能带来收益。简单跟您说，这一棵树就能带大家致富了！您眼前的这每一座桃山，那可都是金山银山！

望道：那乡亲们不用下地种田了吗？

青年：现在都是机械化生产了，不用再面朝黄土背朝天了。您再看，那边广场上领头打太极拳的老人，那是刘老伯的父亲。老人家辛苦了一辈子，晚年的生活不也挺有滋有味的。

望道：四世同堂、儿孙绕膝，美哉。诶，刘老伯家这一桌饭菜可是恰逢年节？

青年：不是，这就是一顿普通的晚餐。

望道：这是一桌幸福的味道啊。唉，想到我辈之中国，受尽了列强凌辱、濒临危亡，犹如孤海之小舟，"上有风雨之摧淋，下有狂涛之震荡"。如何救民于水火、挽民族于沉沦、建崭新之国家，就是无数仁人志士孜孜以求的探寻，这也是我翻译《宣言》的初心。

青年：望道先生，您知道吗，正是您翻译的《共产党宣言》让共产主义在中国生根、发芽、结果。如今，咱们浙江正以共同富裕先行者的姿态，继续为崇高的理想而奋斗着！您看，共产党员冲锋在前的模样，不正是宣言精神的现实写照吗？

望道：是，正是！在我心中，《宣言》犹如壮丽的日出，照亮人类社会前行的道路。

青年：是的，这束信仰的光芒穿越了百年，如今正指引着我们奔向共同富裕。这盛世，如您所愿！

望道：好，真好！

望道：以所有人的富裕为目的，大家共同享受创造出来的福利！（出自《共产党宣言》中关于共同富裕的论述）

青年：以所有人的富裕为目的，大家共同享受创造出来的福利！望道先生，粽子甜吗？

望道：甜！非常甜！

>>> 花师傅薛勇

19.笑容

浦江县龙峰国际学校　陈佳丽

大家都知道共同富裕是近两年的热词，但对于共同富裕是什么，每个人都会有不同的理解。今天我想用身边一个可感、可及的故事同大家分享我的理解和感受。

我们先来看一张照片，照片中的这个人，大家亲切地叫他"花"师傅。他一边修剪花枝，一边露出了灿烂的笑容，从他弯弯的眉眼、绽放的笑容中我能感受到他由衷的开心。

他叫薛勇，出生在浦江县的乌浆村，这是一个有山、有水的美丽小山村，但是因为没有产业，年轻人只能外出打工。经过多年的努力，薛勇在广州开了一家灯饰店，生意做得风生水起。2015 年，他回家探亲，发现家乡的土地大片撂荒，村里大多是留守的老人和孩子。那一刻，失落、焦虑涌上他的心头。这个从小爱花的人萌发了一个强烈的念头，如果让鲜花开满这个村庄，让鲜花卖出钱，在家门口就能过上更加富足的生活，那该多好呀！

从那一刻起，回家种花创业成了他心心念念的梦想。虽然他的这个想法遭到了家人的反对，但他还是想试试。2016 年，他种了 20 亩鲜花，小试成功。2017 年，他扩大了种植面积，却因浦江、广州两头跑，收益不好。2019 年，薛勇不顾家人的反对，毅然放弃在广州的事业，斩断退路，踏上了回家种花之路。

可是当他回到老家，遇到的却是乡亲们的不信任和担忧，他们感恩于薛勇对村里的付出，但是又担心他种不出什么名堂，还把老本搭上。

面对种种困难，薛勇用实际行动来证明。那段日子，薛勇几乎每天只睡三四个小时，白天在花田一待就是十多个小时，从花苗的搬运到翻土、播种，他都亲力亲为。晚上学习专业知识经常熬到半夜，工作强度远远大于创办灯饰店时。为了攻克"种植技术"难题，薛勇一边远赴上海实地学习鲜花培植技术，一边回乡在田里忙碌着。3 个月后，当薛勇花田里的第一批芍药迎风绽放时，薛勇开心得像中了大奖一样，满面笑容。

渐渐地，村民们看到了鲜花种植产业的前景。先是几个亲戚跟着薛勇一起，后来亲戚带亲戚，朋友带朋友，身边的人都想要种花。不少农户上门讨教，热心的薛勇全都倾囊相助，从技术、农资等方面为农户提供支持。从此，薛勇的鲜花产业成为村民致富的新方向。现如今，乌浆村的鲜花种植面积达 500 多亩，鲜花产值在 1000 万元以上，每年可为当地村民增收300 余万元。2022 年虽受新冠肺炎疫情影响，但还是有望增收 500 多万。

对此，村民们更是难掩喜悦之情。"我年纪也大了，没办法出门赚钱，现在在家门口一个月就能赚 4000 多块钱，满足喽！"随着公司发展的规模化、产业化，薛勇也积累了一些经验，心中的底气也更足了。他对未来有着清晰而又坚定的目标，再过 3 年，就要把鲜花基地打造成亿元产业，带动更多人致富。

人不负青山，青山定不负人。一朵推动万朵开，如今，乌浆村和更多西部山区的村民尝到了鲜花经济带来的甜头。这一张张笑脸，是喜悦，更是共富的希望。

正如薛勇所说："只要把花种好，一切想要的都在路上。"有一种笑容是情怀，是热爱，有一种幸福是先富带后富，大家一起共同富。

习近平总书记指出："幸福生活都是奋斗出来的，共同富裕要靠勤劳智慧来创造。"① 让我们播撒共同富裕的花籽，用奋斗和智慧，浇灌出更绚丽的幸福之花，让更多人绽放出更灿烂的笑容。

---

① 引自习近平《扎实推动共同富裕》一文。

>>>　徐增兵在全国第十届残疾人运动会夺冠瞬间

20.共富路上的特殊追梦人

兰溪市残联　冯　玲

　　大家可能会问了，为什么叫"特殊"的追梦人？别急，也许听了我讲的他们的故事，您就有答案了。

　　第一位要说的是中国坐式排球队的"神兵"——徐增兵。

　　今年 26 岁的兰溪小伙徐增兵是一名残疾人，也是中国男子坐式排球队的一员。他曾在全国第十一届残运会上获得过坐式排球冠军金牌。像这样的冠军奖牌他还有很多。

　　徐增兵从事的坐式排球大部分规则和健全人的排球规则相同，只是比赛需要坐着进行，通过艰苦的训练，徐增兵靠手和臀部移动，十几秒就能在赛场内"跑"一圈！发球是比赛的关键一环，球发好了，就成功了一半。为了练好发球，他的手不知肿了多少遍，关节不知脱开多少次，皮肤不知擦破多少回。看到他手上伤口的结痂，我问过："痛吗？"他淡淡一笑，说："父母生的，哪能不痛，但我心里高兴。我流了不知多少血，但从来没有流过泪。"有次比赛拿到奖金后，这个阳光大男孩对我说："冯姐，奖金收到啦，我准备给爸妈把老家的房子翻修一下。"听着他质朴的话语，作为残疾人工作者，我打心眼里为他开心，希望增兵一家的日子可以越过越好，把这条共富道路越走越宽。

第二位要说的是巾帼不让须眉的"铁娘子"——林建美。

1979年生的林建美是水亭乡一户农家的女儿，5岁时，一场意外，她的手和脚被卷进了碾米机，落下了肢体二级残疾。尽管身体残缺，但她一直没有放弃对美好生活的向往和追求。2001年，林建美大学毕业后，就来到了兰溪市博远金属有限公司，凭着肯吃苦善钻研的劲头，短短2年，就从基层迅速成长为公司的高管，负责公司的整个生产流程，管理着技术、设备、生产、品质4个部门的近270名员工。她长年住在公司，作息时间表里没有上班和下班之分，生产中有任何问题，随时都可以找她。

林建美不仅是生产的带头人，还是一位温情的管理者。员工的家人罹患重病，她带头捐款；员工发生意外住院治疗，她第一时间探望慰问；员工过集体生日，她积极张罗组织。在林建美带领下，公司铝合金锭年产量从1万吨发展到15万吨，节能环保技术达到国内先进水平，林建美个人还被中国有色金属工业协会评为"最美劳动者"。

第三位我想要说的是一群人，他们是残疾人自己的"娘家人"——兰溪市残疾人志愿者服务站的志愿者们。

兰溪市残疾人志愿者服务站成立于2018年，志愿者来自各行各业，有"妙手仁心"之称的中医医院院长——邵小伟、有"最美退役军人"之称的残疾人公疗车间负责人——施根红、有"活雷锋"之称的翠冠梨大户——徐登好、有"兰溪好人"之称的沃尔玛员工——毛红卫，等等，他们还有一个共同的身份——残疾人，一群本是社会服务对象的人，却因为感恩党和社会对他们的帮助，自发组织起来，克服行动的不便，利用一技之长，为重度残疾人免费修理家电、疏通下水道、替行动不便残疾人办理生活业务、去残疾人之家献爱心、为困难残疾人义诊等，真正使自己从被服务的对象，转变成为别人服务。残疾人志愿者服务站自成立以来已累计服务超 5000 小时，1000 余名残疾人得到了帮助。我身上穿的就是他们的队服，他们经常会开玩笑说："队服一穿，好事一做，感觉自己也像健全人那样对社会有价值啦。"

习近平总书记说，"幸福是奋斗出来的"。像这三个故事里主人公那样的残疾人我还遇见过很多，他们都诠释着残疾人身残志坚、乐观开朗的人生态度和积极进取、敢为人先的拼搏精神。而他们的追梦故事还一直在精彩上演着……

>>> 农场大"蜂"收

21. 养蜂的"甜蜜"

江山市8090新时代理论宣讲团　邓炫嫒

　　清明小长假刚过去不久，漫山遍野的油菜花有没有吸引到大家的目光呢？想必小姐姐们照片也拍了不少吧。每年油菜花季，在花田里合影留念的往往不止我们这些游客，还有身影也总会强势入镜，大家猜猜是谁？没错，蜜蜂！江山是全国闻名的养蜂市，蜂业规模和经济效益已经连续30年位居全国各县（市）榜首，2001年被农业部命名为"中国蜜蜂之乡"，2021年全市蜂业总产值更是超过了15亿元。可别看现在的蜂产业发展得如火如荼，以前，这甜滋滋的蜂蜜在蜂农口中却常常是"苦涩"的味道。

　　阳春三月，百花盛开，每年这个时候，是江山蜂农们最为忙碌的时候，短短的一个半月，他们不仅要完成油菜花、紫云英的采集，还要为下一步横跨大半个中国的追逐花期旅程做好准备。从5到7月份采华北平原的槐花、枣花、荆条花到8、9月份采东北、内蒙古的椴树花、葵花，一直到9月下旬转回安徽、浙江采荞麦花，蜂农们的足迹遍布全国，一年有9个多月居住在荒郊野外，风餐露宿，跟家人分居两地更是常有的事。采得百花成蜜后，为谁辛苦为谁甜？

　　江山人不怕吃苦不怕累，就怕看不到希望。由于产量低、销量差，20世纪 90 年代初，江山养蜂行业陷入了低谷，许多蜂农一年辛苦下来，连孩子学费都挣不出，被迫改行、息业回乡，有着 1700 多年历史的江山养蜂行业面临着前所未有的危机。不少蜂农问：江山蜜蜂还飞得起来吗？

　　面对困境，江山蜂业迅速抱团取暖，农民合作经济组织联合会（简称农合联）应运而生。为了助农增收，农合联牵头单位健康蜂业公司联合其他蜂产品企业开展"保护性收购"，配备专业冷链车跟随蜂农不断转场，一旦蜂农在当地生产了蜂蜜和蜂王浆，他们就当场进行保护性收购，第一时间为蜂农带去收入。仅一辆冷链车，一年就要跑 15 万公里。在保护性收购带来第一次收益的基础上，健康蜂业公司还根据收购的蜂产品质量进行二次利益分配，极大激发了蜂农的生产积极性，蜂产品质量也得到了保障。近 2 年，他们每年提供"二次返利"近 400 万元，平均每名成员能额外获得 1 万元收入。

　　在助农增收的基础上，农合联还聘请省农科院、福建农大蜂业专家进行现场技术指导服务，解决技术难题，开展标准化养殖、蜂药使用、质量安全等技术培训，从根本上帮助蜂农提高生产效率，完成了从"输血"向"造血"的转变。眼下，农合联还正筹划通过数字化手段实现对养蜂产业全流程的管控，真正让蜂农养蜂采蜜效率大幅提升，在"共富"路上携手并进。

　　在江山蜂业重新起航的同时，蜜蜂们也乘着东西部扶贫的春风来到了四川省沐川县。在这里，江山充分发挥全国最大的蜂产品原料集散地和蜂产品生产基地优势，结合沐川县周边蜜源条件优越的实际，相继实施甜蜜奔康一期、二期、三期项目，推出"家门口散养脱贫增收"和"师徒结对小转场养殖致富奔康"两种模式。截至目前，已帮助全县 13 个乡镇、2200 多户脱贫户养殖江山蜂 5000 余箱，带动沐川县蜜蜂养殖规模达 2 万箱以上，年总产蜂蜜 255 吨，年产值达 1050 万元，助力脱贫户户均增收 4772 元，养殖江山蜂已成为沐川脱贫奔小康的甜蜜产业，沐川也成功获评"蜂业扶贫先进县"。

在党的十九届六中全会上，"共同富裕"这个词多次出现，会议强调要立足新发展阶段、贯彻新发展理念、构建新发展格局、推动高质量发展，全面深化改革开放，促进共同富裕。共同富裕，在于构建富裕与共同二者之间贯通融合的关系，是为富裕而共同，为共同而富裕，最终形成有机的一体。乘着共同富裕的东风，江山蜂也将越飞越高、越飞越远……

>>> 技能大师余富忠带领学生走上"精技强能"之路

22.三劲党员，共富担当

衢州市8090新时代理论宣讲团　徐佩玉

1934 年，毛主席在第二次全国工农兵代表大会上指出，要解决"一切群众的实际生活问题，从土地问题、劳动问题，到柴米油盐问题"。2021 年，习近平总书记在十九届六中全会上指出，"让老百姓过上好日子是我们一切工作的出发点和落脚点"。

回首党的百年历程，为人民谋幸福、为民族谋复兴一直是中国共产党人的初心和使命。如今，以习近平同志为核心的党中央，又将共同富裕作为历史使命交到了我们这一代党员手中。

说起"共同富裕"，这个话题可能有点儿抽象，但实际上我身边所有人都在日复一日地实践当中，展现着我们职教人的情怀和担当，不断加深着我对这个词的感悟。

首先，我和大家分享我的同事老余的故事。他是汽车检修专业的一名老师，从事汽车检修教学工作 25 年。大家都知道，职教学生理论水平较差，要把职教学生培养成技能人才需要付出更多的心血和努力。老余说，不敢说每一辆汽车我都能修好，但我敢说每一个学生我都能教好。25 年来，老余帮助每一个学生走上了"精技强能"之路。在这其中有一位学生叫毕少平，在老余的悉心培养下，成为浙江省拔尖人才。师徒二人还同时获得"劳动模范"称号，被《浙江工人日报》头版头条报道。

老余最大的欣慰就是看到学生通过技能改变生活，改变命运，他一直在努力，也一直在坚持。在老余的身上，我深刻感受到作为一名党员克难攻坚的韧劲。我相信，老余一定能培养出更多更优秀的新产业工人。

我的另外一位同事周华，和老余不一样，老余是在校园内把学生培养成技能人才，而周华是面向社会，把社会上各行各业的人培养成"致富能手"，在他的身上，我感受到共产党员创新突破的干劲。这股干劲的背后是他十年如一日，投身于农民技能培训，用实际行动践行着使"无业者有业，使有业者乐业"的职教使命，带领一大批农民成为"高薪草根"。听到这里，你们肯定觉得他很厉害，但其实要说发家致富，他的学生才是能手，但他最厉害的是能聚集各种资源为农民培训服务。我们一起来看看他这些学员的逆袭故事。

"金牌月嫂"李玉仙，原来是一名农村代课老师，先后参加了三期月嫂培训，成功成为产妇的护理师、营养师和心理辅导师，走上了致富小康之路。

"面条掌柜"陈家胜，参加村播培训后，从"普通农民"成长为一名"网红主播"，实现了面条年销售额由 500 元到 500 万元的飞跃。

"制茶能手"纪小青原来是一位茶产业农创客，参加了"茶产业人才培训班"后，他的产茶技术不断精进，还带动周边 160 余农户致富，成为致富带头人。

最后来说说我吧，曾经有人问我，如果要用一句话来概括我的优点，那是什么呢？我想那可能就是有一股勇往直前的冲劲儿吧。我是一名青年团干，从事共青团工作 6 年，和学生在一起后，慢慢萌生出一个至今都让我感到非常兴奋的想法，那就是要用我们的力量为乡村留下美丽的烙印，我们立志用"文化赋能"振兴乡村。凭着这份冲劲，这6年来，我和学生走遍衢州大大小小的乡村，开启了我们"校地共建大花园"的旅程。我们走访乡村，寻访乡风，提炼文化，用画笔为乡村裹上新装，赋予乡村新的时代气息和文化内涵。我带领一批批大学生参与到乡村文化建设当中，在乡村振兴的道路上发挥青春力量。余东村、碗窑村、溪滩村都留下了我们的青春印记。

老余、周华还有我，是千万个职教人的缩影，也是千万个共产党员的缩影。在共富路上做任何事情都要有克难攻坚的韧劲、创新突破的干劲、勇往直前的冲劲。这韧劲、干劲、冲劲的背后正是我们新时代在基层一线为共同富裕的梦想而执着努力的共产党员。各位同志，共同富裕是时代赋予我们新的命题，时代是出卷人，我们是答卷人，人民是阅卷人。让我们勇担时代使命、助力共同富裕。

>>> 　常山柚农喜获"致富果"

23.共同富裕示范区建设中的常山故事

衢州市8090新时代理论宣讲团　张守俊

常山县是浙江省西部的一座小城,地处钱塘江源头区域,生态环境优越,森林覆盖率达71.55%,空气质量常年保持二级以上,出境水质达Ⅱ类水以上标准。立足这一方山水,常山人民上下一心、团结奋斗,书写了一篇篇共富的精彩篇章。这里,我和大家分享三个常山的共富故事。

故事一:一只胡柚的美丽蝶变

胡柚是常山特有的水果,全县种植面积10.5万亩,从业人员约10万人,可以说,胡柚直接关系到常山老百姓的生计。但一直以来,胡柚的种植标准不一、果品质量不高、品牌效应不强,造成鲜果价格低廉、销路不畅。经过长期的研究探索,我们创新"标准化经营＋数字化管理＋多元化分配"的共富果园模式,联合村集体、强村公司、农业管理部门、供销社,以及农业企业对果园进行标准化种植、全流程管控,提升了胡柚的品质。常山柚橙(胡柚小青果)有着很高的药用价值,我们通过与浙江省食品药品检验研究院合作,积极推动常山柚橙重新被列入《中国药典》,预计2022年年底有望加入，这将进一步提升胡柚价值。联合江中制药、胡庆余堂等头部企业和鲜果类专业销售企业，推出"柚见 80+"胡柚鲜果、胡柚膏等特色产品，培育"一份常礼"区域公用品牌，提升了胡柚的知名度、美誉度和附加值。通过系列组合拳，带动胡柚鲜果价格增长 70%，每亩增收 2000 元以上，胡柚鲜果价格从 10 元一袋提升到 10 元一个，成为"共富路"上的"金果子"。

故事二：一朵月季的花样富民

新昌乡是一个典型山区乡镇，有黄塘、达塘、郭塘等一批美丽乡村。近年来，郭塘村做亮、做特"变废为宝"文章，鼓励村民上山采摘荆刺，用于嫁接栽培月季花，大力发展月季产业，但一直没有做出规模。"两山银行"和浙能集团，以及新昌乡 10 个村集体 3 方分别出资 100 万元，成立常山县富好生态资源开发有限公司，探索"党建联盟＋两山银行＋共富公司＋社会资本"的片区化强村富民改革新路。富好公司在郭塘村与辂辂村整合 200 余亩闲散土地，打造新品种月季产业园，每年到了月季盛开的时候，整个村庄就变成了一个美丽的大花园。最近一段时间，150 余亩 99 个品种的月季花争相开放，郭塘村策划举办"U 见月季·遇见爱——用爱助农，打卡网红村"等活动，吸引大批县内外游客赏花打卡，拉动鲜花、苗木、盆景、农特产品的销售。仅 2022 年"五一"期间就带动村民增收 26.6 万元，村集体经济增收 17.8 万元，完美演绎了"一根刺变一朵花、变一个产业、变一个景区"的蝶变。

故事三：一间民房的魅力重现

如今，农民外出务工、异地搬迁的情况越来越多，农村宅基地和农房闲置比较普遍，而这些房子所在的村落大多宜居宜游。聚焦资源闲置，经营主体对具备开发潜力的房屋进行集中统一收储、打包整合，通过联合社会资本打造特色民宿，引进客流人流，让深藏山中的古村落重新焕发了生机与活力。"两山银行"在新昌乡泰安村收储15栋闲置民房，和上海秦森集团共同打造民宿群，引入古建筑文化及古建商业品牌活动资源，将古宅打造成国内极具特色的古建筑民宿集群，前3年村集体和村民享受30万元分红，后3年按实际运营效益享受分红，带动20余户农户每年增收30余万元。在东案乡金源村，引入腾云公司，统一装修、统一运营、导入客流，将50栋闲置农房改造建成民宿，村民们没花一分钱就当起了民宿股东，按比例获得效益分红。该项目自运营以来吸引游客12万人次，实现村集体收入翻两番，农户"财产性、劳务性、经营性"三项收入达1000余万元。

这就是我和大家分享的常山共富故事。其实，常山的共富故事还有很多，欢迎大家在空闲的时候亲自到常山走一走，看一看，实地感受一下常山人民在共同富裕示范区建设过程中的探索与实践，以及发展的蓬勃势头。

>>> 仙居县"神仙大农"白塔旗舰店

24.绘就山水画城市共富新图景

仙居县委党校　　陈　沉

　　500多年前,英国作家莫尔用地图画出了他心中的理想世界——乌托邦,在那里没有贫穷与落后,人们的生活快乐又富足。大家觉得乌托邦像不像我们中国?莫尔可能想不到,500多年后,中国已全面脱贫,并脚踏实地朝着共同富裕迈进。2021年,国家"十四五"规划提出,支持浙江高质量发展建设共同富裕示范区。都说山区26县是浙江共同富裕的难点和重点,那作为26县成员的仙居,最近又在如何努力地绘就共富新图景呢?我们一起来看看:

　　共富夜谈,绘底色。2022年春节假期一结束,县委书记崔波就带头示范,赶到仙居最偏远的安岭乡,利用晚上时间与乡贤、村干部和茶农代表围着火炉开展"夜谈",产业发展的堵点在哪?群众最迫切的需求在哪?山区县高质量发展的关键又在哪?……"共富夜谈"不是喊喊口号,而是在发展中解决老百姓的问题困惑,正如中国共产党人的初心——为人民谋幸福。从办公桌到田间地头,仙居县党员干部通过这样一场场全民参与的"圆桌会",收集基层的声音、群众的需求,和各界代表们一起找到破解发展难题的"金钥匙"。

共富快干，展风貌。神仙大农是仙居的农产品区域品牌，2022年3月，它第一次出现在大家面前，用短短20多天就产生了市场影响力。"入选神仙大农后我的羊肚菌可好卖了！""我合作社的产品能进入神仙大农吗？""买到这样的伴手礼送人太有面了！"这是外界对大农品牌的回应。在有限的时间里，大农工作小组完成了看上去不可能的任务，从产品筛选到包装设计，这一切都让农户们看到了政府的用心。神仙大农真真切切为小农户解决了价格卖不高的难题，让他们拥有了更多的幸福感和满足感。拿仙居大米来举例，依托大农品牌，预计企业向农户的收购价可以从原来的2～3元/斤提高至5元/斤。按照目前仙居水稻种植面积和产量来算，年产值预计增加3亿元。从小农户到大品牌，神仙大农不仅拓宽了企业、合作社的销售渠道，还是推进农民农村共同富裕的"催化剂"。

共富路上，添色彩。淡竹是全国乡村旅游重点乡，这里有台州最好的山，最优的水。石盟垟是淡竹民宿产业最集中的村，但大家可能想不到，2004年通往村里的路只是一条窄窄的木桥，村民造房子的材料全靠小车推、肩膀扛，碰上刮风下大雨根本就没法出门。绿水青山就这样被锁在了山里。2009年，石盟垟以"美丽乡村"建设为契机修了路、通了桥，一座座新房子拔地而起，游客也接踵而至。依托靠近神仙居景区的优势，乡政府开始大力发展旅游，通过民宿产业把绿水青山变成了金山银山。在之前的一次"共富夜谈"中，乡里部分民宿主反映有资金需求，村干部则提出了低收入农户持续增收难的困境。了解情况后，乡党委班子马上和仙居农商银行对接，通过"共富贷"让低收入农户入股，投资到有需求的民宿。"乡里做了件大好事，让我们又多了一份稳定的收入。"下叶村的低保户齐小珍幸福地笑了。从红色引领到绿色发展，农民持股计划既助推了民宿产业提档升级，又交出了一份共富路上一个也不能少的"好答卷"。

　　这里是仙人居住的地方——仙居。这些年，我们看见旅游大巴车来来往往，我们看见基层工作者在一线服务千家万户，我们看见大伙热火朝天为幸福生活奋斗……无数人的努力，绘就了仙居建设现代化中国山水画城市的蓬勃活力。我相信仙居终将成为名副其实的人间仙境，我相信山区 26 县不再是浙江的短板！在二十大即将来临之际，让我们共同创造，迎接更加美好的明天！

>>> 那云·悬崖上的天空之城

25.村里回来了个"新青年"

景宁畲族自治县委党校 雷昌洪

景宁畲族自治县，地处浙江西南部，全县海拔千米以上的山峰有779座，占丽水市的22.36%，属于典型的"九山半水半分田"地貌格局。历史上，独特的地理环境隔断了山民们对外的交流交往，形成以小农经济为主的自给自足的"自养生态系统"，"穷在山上、苦在路上""一方水土富不起一方人"是老一辈景宁人对过往生活最苦涩的回味。

而今，随着70、80、90们的鸿雁归巢，一切都在改变。

"超越想象"的天空之城

安吉余村因"两山"理论蜚声海内外，上海深坑酒店被誉为"世界建筑奇迹"，在景宁，"那云·悬崖上的天空之城"也走出圈，霸屏于各大媒体，因为它颠覆了大家对传统度假村的一切想象。

酒店创始人叶丽斌是名70后，他说："在外深耕实业几十年，与悬崖上的天空之城的结缘，源于一份反哺家乡的情怀。该项目原为废弃的铁矿矿区，一次偶然的机会，恰遇老矿区，被眼前的云、水、崖深深打动，从那时起就萌生了回乡创业助力家乡旅游产业发展的想法。"

该项目总投资 15 亿元，借助畲居文化底蕴，涵盖温泉、旅宿、康养、沉浸式矿洞景观群落、餐饮、娱乐、购物、艺术八大核心主题，打造出一个浮在云间、立于崖上的天空之城，全面赋予了这座废弃矿山新的生命，是景宁深入贯彻落实"绿水青山就是金山银山"理念的生动实践。

"那云最大的贡献是，一方面为景宁打造了国际高端旅游目的地，有力地提高了景宁的曝光率，另一方面为景宁提供了 270 余个就业岗位，同时还有力解决了县内高端农产品的销售问题。"景宁畲族自治县文广旅体局负责人说。

在全面推进共同富裕示范区建设的背景下，悬崖上的天空之城对推动景宁全域旅游建设、加快旅游业转型升级、培育景宁支柱产业具有深远的意义，给景宁带来了诸多想象，未来可能还有第 2 个、第 3 个……

因为叶丽斌，景宁也可以成为标杆。

"人不负青山，青山定不负人"

叶荣娟是一名 80 后，大学毕业原本在杭州发展，有稳定的工作。

至于为什么会选择回家乡创业？"对于故土总是有那么一番情结，总想为村民做点什么。"叶荣娟告诉我们她的初心。

2015 年 3 月，作了将近半年的思想斗争，叶荣娟毅然决然回到景宁畲族自治县鸬鹚乡葛山村，从村民手里流转了 800 余亩土地，创立"畲葛山"品牌，开启她的水果、粮油、畜牧等高山生态精品农产品生产之路。

要在地里"刨金"，年轻的"小白"创业之路充满了艰辛，缺资金、缺技术、缺人手、缺市场……唯一不缺的是对乡村振兴的信心，通过双手使古老的土地焕发出新的生机和价值。

叶荣娟说，一个人可以走得更快，但一群人可以走得更远。她提出"畲药虫草鸡生态养殖"的方案，探索基地各区块的互动循环和种养分离，深入与本地村民合作，让村民参与到种养环节实现再增收，实现 54 户村民年增收 25 万余元，并联合县内 30 多家"景宁 600"① 主体加盟组建景宁畲族自治县生态精品农产品行业协会，跨出了"小主体大联盟，抱团共闯市场"的创新步伐。同时，还与全县 1334 户低收入农户签订"创业联盟帮扶合作协议"，累计提供鸡苗 5 万余羽，并在场地改造、技术指导、统一回购等方面给予全方位服务，打破以往家庭养殖模式，向可持续的创业基地转变。

目前，公司年产值达 700 万元，带动农户增收 500 余万元。

只要勤劳肯干，绿水青山一定能收获金山银山。

"甜蜜"事业让村民的日子更甜

"离开都市朝九晚五的工作，在家乡让我感受到了时间和空间的无限，不用在北上广'假装'生活，选择在这片深山中当一个养蜂人，养的是蜜蜂，酿的是时间。"90 后大学生周志伟选择了接续扛起父辈的大旗，带领乡亲们都走上"甜蜜"事业。

周志伟的蜂场位于景宁畲族自治县九龙乡，毗邻着千峡湖、炉西峡、九龙山这样的生态屏障，良好的自然生态为中蜂养殖提供了极其丰富、天然无污染的蜜源。自 2015 年返乡创业以来，周志伟成立"景宁探蜜农业开发有限公司"，注册打造蜂蜜品牌"畲蜂园"，养殖中蜂 500 余箱，年产值达 100 多万元。

九龙乡中蜂年产值近 1200 万元，因缺少龙头企业引领，存在不同程度的卖蜜难的问题。周志伟说："为破解这一难题，我投资建设了蜂蜜标准

---

① 景宁 600 是景宁畲族自治县的生态品牌。海拔 600 米是影响农产品品质的自然地理分界线，景宁有 136 个村庄，其中位于海拔 600 米以上的就有 96 个。"景宁 600"品牌做的是将全县海拔 600 米以上村庄出产的农产品统一种植技术、统一包装、统一销售。

化加工厂，打造了集蜂蜜生产、加工、检测一条龙的生产链，并完成了相关质量认证，这意味着我们的蜂蜜可以上平台、进超市，增收的路子一下就变宽了。"目前，他的平台已为村民代销蜂蜜30多万元，有效地实现了信息、资源共享。

为做大做强中蜂产业，景宁成立了中蜂产业农合联，目的是变"单打独斗"为"抱团取暖"。作为协会秘书长的他，本着社员有所呼、必有所应的原则，通过技术帮扶、资源共享，助力小农户与大农合的无缝对接，着力提升小农户参与现代农业建设的能力和水平。

"再过几个月，以中蜂为主题，集吃、住、学、玩为一体的民宿就要开张了，这将为我们的'甜蜜'事业增添新的活力。"

谈到未来，周志伟元气满满。